Santé globale

Foungbè BERETE

Santé globale

Les défis à surmonter
par la communauté internationale dans le post-OMD

Préface de Lamine Koivogui

L'Harmattan

5-7, rue de l'Ecole-Polytechnique, 75005 Paris

http://www.harmattan.fr
diffusion.harmattan@wanadoo.fr
harmattan1@wanadoo.fr

ISBN : 978-2-343-06108-5
EAN : 9782343061085

REMERCIEMENTS

Fruit de près de 10 années d'expérience combinées à travers une implication dans la gestion des programmes et projets de santé en Guinée et ailleurs, et de formation post-universitaire en Santé Publique et en Economie de la Santé & Développement International, ce document a été rendu possible grâce aux orientations pratiques, conseils, remarques et critiques reçues durant ce parcours professionnel et le périple européen en Belgique, France et Suisse.

D'abord, les citations exprimées dans ce document n'engagent que la responsabilité personnelle de l'auteur devant les justifier en cas de mécontentement de la part d'autres acteurs de la santé globale en l'occurrence ceux cités plusieurs fois dans le corps du document mais toujours référencés en réalité pour des questions d'éthique et de déontologie en Sciences Médicales.

A ce propos, les remerciements les plus sincères vont aux différentes autorités des institutions académiques et professionnelles dans lesquelles, les bases et les fondements ayant permis d'élaborer ce document, ont été apprises auprès d'éminents Professeurs de Médecine, de Santé Publique et d'Economie de la Santé ainsi qu'à travers les échanges fructueux avec d'excellents professionnels évoluant dans le domaine de la santé globale. Qu'ils trouvent tous dans ce document, les fruits des graines qu'ils ont semées pendant les bons et les pires moments de frottements dans le cadre des échanges sur ces sujets en rapport avec la santé globale.

Au delà de ce sentiment de reconnaissance envers ces devanciers, une mention spéciale va à l'encontre de l'Etat de Genève de la Confédération Suisse à travers sa bibliothèque localisée dans les locaux de l'Université de Genève Bastions I et la Ville de Genève elle-même pour l'accès à une connexion haut débit à tout moment et dans un cadre propice à de telles recherches ainsi que les différents services sociaux de cette Ville pour leur assistance de différentes natures pendant la période de rédaction de ce document.

Ce document n'aurait pas été publié sans la participation et la volonté exprimées de la part de la maison d'édition "Harmattan-Guinée" et l'autorisation faite de la part de l'Institut National de Santé Publique de Guinée pour l'édition de ce document sous sa tutelle.

Les derniers mots de remerciements vont à ma famille pour le soutien moral et d'autres natures pendant les différentes phases de la rédaction à celle de l'édition complète du document, particulièrement à Madame BERETE Hawa KONE pour les conseils prodigués dans l'accomplissement de cette œuvre humaine.

PRÉFACE

Les questions de santé globale qui transcendent les frontières des Etats, doivent être au cœur des priorités internationales comme l'a d'ailleurs été le cas lors de la fixation des Objectifs du Millénaire pour le Développement (OMD) dont trois (3) des principaux objectifs ont été focalisés sur la santé et plus particulièrement sur l'amélioration de la santé maternelle, la réduction de la mortalité infantile et la lutte contre certaines maladies (VIH/Sida, Paludisme, Tuberculose et autres), constituant encore de problèmes majeurs de santé publique dans la plupart des pays en développement situés en Afrique au Sud du Sahara, en Asie du Sud-Est et en Amérique Latine. A ces grands fléaux, l'on peut également noter l'émergence de nouvelles menaces pour la santé de la population mondiale comme le cas récemment de la fièvre EBOLA en Afrique de l'Ouest avec pour épicentre, la Guinée (Conakry) et d'autres maladies transmissibles (syndrome respiratoire à coronavirus, à influenza...) en plus de la difficulté d'éradication de la poliomyélite dans les derniers pays prioritaires comme le Nigeria, le Pakistan, l'Afghanistan (constituant d'ailleurs, le point de départ de la transmission du virus) et d'autres enjeux liés à l'extension de la couverture des principaux antigènes inscrits dans le calendrier vaccinal dans la plupart des pays en développement. Toutes ces questions soulevées ne constituent pas les moindres défis auxquels, les Etats se trouvent actuellement confrontés et le tout dans une situation de rareté des ressources humaines et financières à l'échelle mondiale.

Un autre aspect important en rapport avec la santé globale et qui doit attirer l'attention particulière de tous les professionnels de la santé à quel que niveau que ce soit et où qu'ils se trouvent afin de générer des preuves évidentes à propos des stratégies et interventions de santé publique en mettre en œuvre dans l'agenda à fixer pour la période post-OMD, est la situation de la transition épidémiologique en cours dans ces pays en développement avec une forte augmentation des statistiques relatives aux maladies non transmissibles (maladies cardio-vasculaires, mentales, cancers) et les accidents de la circulation, fournies par les services en charge des systèmes d'information et de gestion des statistiques sanitaires malgré qu'elles sont basées pour la plupart sur des données hospitalières rendant difficile la mise en place des interventions à base communautaire ou populationnelle. Les Nations développées étant confrontées à ces pandémies industrielles depuis le début de la seconde moitié du XXème siècle, font face aujourd'hui aux difficultés de financement de leurs systèmes de santé dans le cadre de l'atteinte des objectifs d'une couverture sanitaire universelle au regard des coûts exorbitants engendrés par ce changement de cap dans la situation épidémiologie qui prévaut dans ces pays et l'introduction progressive des nouvelles méthodes médicales sophistiquées grâce aux avancées dans le domaine des sciences médicales annexées aux techniques nouvelles et aux technologies de l'information et de la communication.

En outre, les systèmes de santé de ces pays restent également confrontés à d'autres défis que sont les accidents de la circulation et les difficultés liées surtout à la meilleure gestion des déterminants de la santé avec un accent sur ceux environnementaux ayant un impact évident sur la santé des populations ; les autres défis ayant pour noms, l'offre insuffisante et de mauvaise qualité et une demande insatisfaite, les difficultés de coordination des efforts de la communauté internationale en termes de gouvernance sanitaire mondiale, la pénurie aiguë des professionnels de la santé, les difficultés d'accès aux médicaments essentiels, vaccins et produits biologiques par le tiers de la population mondiale, la faible capacité des systèmes d'information et de gestion des statistiques sanitaires surtout dans les pays en développement.

Chercher à aborder ces défis afin de trouver des pistes nouvelles en termes de perspectives pour mieux faire avancer les pays vers l'atteinte des objectifs du futur agenda à élaborer après la date buttoir fixée à 2015 pour les OMD, trouve son sens dans la rédaction de ce document axé sur les grandes difficultés à surmonter et les perspectives nouvelles dans le post des Objectifs du Millénaire pour le Développement ; une vision développée qui peut servir de référence pour les politiques, les académiciens, les professionnels de la santé dans le choix des politiques publiques de santé ainsi que pour le développement des modèles de partenariat dans le vaste domaine de la santé globale. Il pourra également servir comme un support pour l'enseignement des grands défis auxquels, se trouve confronté la Communauté Sanitaire Internationale dans sa quête d'atteinte des objectifs de la couverture sanitaire universelle à l'échelle globale.

Autant de raisons qui ont poussé à signer la préface de ce document pour participer à une large diffusion des messages clés consignés dans les grands chapitres qui y sont développés.

Dr Lamine KOIVOGUI
Directeur National de l'INSP

ABRÉVIATIONS ET ACRONYMES

AAHCI	Association of Academic Health Centers International
ACDI	Agence Canadienne de Développement International
ADA	Australian Development Agency
ADPIC	Accords sur les Droits de la Propriété Intellectuelle et au Commerce
AEM	Accords Environnementaux Multilatéraux
AFD	Agence Française de Développement
AFRO	Région d'Afrique de l'Organisation Mondiale de la Santé
AGCS	Accord Général sur le Commerce et les Services
AIDS	Acquired Immunodeficiency Syndrome
AMRO	Région d'Amérique de l'Organisation Mondiale de la Santé
AVCI	Années de Vie Corrigées d'Invalidité
BCG	Bacille Calmette-Guérin
BM	Banque Mondiale
BRICS	Brésil, Russie, Inde, Chine, South Africa
CDC	Center for Diseases Control
CTA	Combinaisons Thérapeutiques à base d'Arthémisine
DDC	Direction du Développement et de la Coopération, Suisse
DFID	Department For International Development
DTP	Vaccin Diphtérique, Tétanique, antiPolio
EDS	Enquête Démographique et Santé
EMRO	Région Moyen-Orient de l'Organisation Mondiale de la Santé
EURO	Région d'Europe de l'Organisation Mondiale de la Santé
FMPOS	Faculté de Médecine-Pharmacie-Odonto-Stomatologie
FNUAP	Fonds des Nations Unies pour la Population
GAVI	Global Alliance for Vaccines and Immunization
GES	Gaz à Effets de Serre
GFATM	Global Fund to fight against AIDS, Tuberculosis, Malaria
IFFIm	International Finance Facility for Immunization
HIV	Human Immunodeficiency Virus
INSP	Institut National de Santé Publique de Guinée
IVR	Interactive Voice Response
LEEM	Les Entreprises du Médicament
ME	Médicaments Essentiels
MCV	Maladies CardioVasculaires
MNT	Maladies Non Transmissibles
MTN	Maladies Tropicales Négligées
OCDE	Organisation de Coopération et de Développement Economiques

OMC	**O**rganisation **M**ondiale du **C**ommerce
OMD	**O**bjectifs du **M**illénaire pour le **D**éveloppement
OMS	**O**rganisation **M**ondiale de la **S**anté
ONG	**O**rganisations **N**on **G**ouvernementales
ONU	**O**rganisation des **N**ations **U**nies
OTC	**O**bstacles **T**echniques au **C**ommerce
PIB	**P**roduit **I**ntérieur **B**rut
PMA	**P**ays **M**oins **A**vancés
PNUD	**P**rogramme des **N**ations **U**nies pour le **D**éveloppement
PRF	**P**ays à **R**evenu **F**aible
REXOCODE	**Re**cherche pour l'**Ex**pansion et le **D**éveloppement des **E**ntreprises
R&D	**R**echerche et **D**éveloppement
RSI	**R**églementation **S**anitaire **I**nternationale
SEARO	**R**égion d'**A**sie du **S**ud-**E**st de l'**O**rganisation **M**ondiale de la **S**anté
SIDA	**S**yndrome de l'**I**mmuno**D**éficience **A**cquise
SIS	**S**ystèmes d'**I**nformation **S**anitaire
SMS	**S**ervices de **M**essages **S**uccincts
TB	**T**uberculose
SPS	**S**ystème de **P**ositionnement par **S**atellite
TIC	**T**echnologies de l'**I**nformation et de la **C**ommunication
UGANC	**U**niversité **G**amal **A**bdel **N**asser de **C**onakry
UNICEF	**F**onds des **N**ations **U**nies pour l'**E**nfance
UNITAID	**A**gence des **N**ations **U**nies pour l'**A**ccès aux **M**édicaments **E**ssentiels
USAID	**U**nited-**S**tates **A**gency **for** **I**nternational **D**evelopment
VIH	**V**irus de l'**I**mmunodéficience **H**umaine
WHA	**W**orld **H**ealth **A**ssembly
WDR	**W**orld **D**evelopment **R**eport
WHO	**W**orld **H**ealth **O**rganisation
WPRO	**R**égion **P**acifique de l'**O**rganisation **M**ondiale de la **S**anté
WTO	**W**orld **T**rade **O**rganization

LISTE DES TABLEAUX, FIGURES, SCHÉMAS

Liste des Tableaux

Liste des Figures

Liste des Schémas

RÉSUMÉ EXÉCUTIF

Il est évident aujourd'hui qu'à l'échelle mondiale, des moyens diagnostiques, thérapeutiques et de prévention actuellement disponibles dans les mains de la communauté sanitaire internationale, peuvent être utilisés de façon efficace et efficiente pour l'extension des interventions prioritaires afin de faire face aux grands défis ; face auxquels les principaux acteurs de la santé globale se trouvent confrontés et dans le cadre des avancées vers l'atteinte des futurs objectifs de la couverture sanitaire universelle.

Cet élan de découvertes de nouvelles techniques, méthodes, stratégies dans le cadre des avancées vers la couverture sanitaire universelle, a été compromis par l'émergence de nouvelles menaces comme le VIH/Sida avec la recrudescence des cas de la tuberculose, le syndrome respiratoire aigu, les difficultés liées à l'éradication du paludisme, de la poliomyélite et d'autres infections bactériennes et virales dans la plupart des Etats membres de l'Organisation Mondiale de la Santé.

En plus des grands succès obtenus par la communauté sanitaire internationale à propos de l'éradication de certaines maladies infectieuses comme la variole, le cours des évènements dans la gestion de ces maladies transmissibles surtout dans les pays en développement est en mutation à cause de l'importance prise par les maladies non transmissibles (maladies cardiovasculaires, mentales, cancers…) et des accidents de la circulation dans les statistiques produites par les systèmes d'Information de ces pays ; les pays industrialisés étant longtemps confrontés à ces maladies transmissibles depuis la seconde moitié du 20ème Siècle, et qualifiées de pandémies industrielles.

Cette transition en cours est fortement tributaire à la course des pays d'atteindre un niveau de développement économique à travers le développement des industries et les agissements de l'homme sur l'environnement qui entoure son cadre de vie. Ce qui dénote qu'en plus de ces grands défis suscités au niveau global, s'ajoutent les difficultés liées à la gestion des déterminants l'environnement de vie, au changement climatique, à l'alimentation ainsi qu'à d'autres facteurs socio-économiques entourant la vie en société.

Les questions de financement des systèmes de santé sont et demeureront également d'actualité à cause de la rareté des ressources financières depuis l'année de la crise financière internationale pour affronter ces précédents défis affectant les autres blocs constructifs des systèmes de santé et à cause des coûts exorbitants liés à la production et l'exploitation des nouvelles technologies de l'information et de la communication dans le domaine de la santé et à la prise en charge des maladies non transmissibles du fait de leur chronicité. Comment intégrer donc les politiques sectorielles et nationales à élaborer au compte de ce nouvel agenda dans les politiques macro-économiques des Etats, vue la relation d'interdépendance entre la santé et le développement à travers les grands moteurs de la croissance économique en constituera une autre grande priorité.

L'accès universel aux médicaments essentiels, vaccins et produits biologiques par le tiers de la population mondiale au lieu et au moment voulus soulève encore de grandes interrogations de la part des principaux acteurs et des experts les plus accrédités, les poussant à pencher en faveur d'une révision des politiques internationales en la matière entre les principales parties concernées, en l'occurrence les Etats membres de l'OMS et l'OMC.

La pénurie aiguë des ressources humaines qualifiées au niveau global ainsi que les difficultés relatives à leur formation initiale, continue ou à leur perfectionnement et leur redistribution de façon équitable, viennent aggraver cette situation de mauvaise performance de la plupart des systèmes de santé au niveau global. Les systèmes de gestion et d'information sanitaire sont pour la plupart encore au stage d'ébauche avec un mode de comptage et de reportage manuel rendant difficile la rapidité de la retransmission des informations médicales pour une prise en charge efficace et efficiente des cas de maladies et une alerte rapide dans le cadre de la prévention et de la gestion des épidémies, catastrophes naturelles…

La dynamique actuelle de la population du fait d'un développement rapide des moyens de transports à l'échelle mondiale ne peut être actuellement ignorée dans l'élaboration d'une politique globale tendant à prendre en compte une approche holistique des systèmes de santé.

Ceci montre que le monde reste encore confronté à certains défis majeurs à relever et ceux-ci même dans les pays pionniers ayant fortement contribué à la mise en place des systèmes de santé les plus performants et basés sur la couverture maladie universelle et très en avance sur l'atteinte du concept de la couverture sanitaire universelle. Il s'en sort donc qu'un nouvel élan doit être impulsé à la gouvernance sanitaire mondiale autour de l'OMS avec l'implication des tous les Etats membres et des principaux acteurs à cause de leur multiplicité sur le terrain et des difficultés dans la coordination des efforts internationaux dans le domaine de la santé globale.

Les axes stratégiques de la politique globale à adopter doivent s'appuyer sur le renforcement de cette gouvernance globale à travers une diplomatie sanitaire offensive, le renforcement des systèmes de santé à travers une approche holistique, la bonne réglementation des politiques et des accords commerciaux en rapport avec la santé, la réduction des inégalités à travers le renforcement du dispositif institutionnel, le renforcement du rôle de la société civile lors des instances de prise de décision, l'élargissement de l'accès aux médicaments essentiels, vaccins et produits biologiques et le développement des méthodes innovantes pour répondre aux besoins croissants des populations. S'appuyer sur ces axes aboutira à la mise en place des systèmes de santé viables tournés vers l'atteinte des objectifs de la couverture sanitaire universelle.

De ce fait, l'approche multi-sectorielle apparait comme la meilleure approche parmi tant d'autres pour une meilleure coordination et intégration des politiques et stratégies sanitaires nationales aux différentes politiques de développement macro-économique à long terme des Etats membres et autres Etats ou entités non adhérents à l'Organisation Mondiale de la Santé ; les principales décisions découlant de l'adoption de cette approche basée sur des consensus politiques pris autour de l'Organisation Mondiale de la santé et dans la mesure où elle prend en compte au délà des facteurs génétiques, biologiques, physico-chimiques, le large spectre des déterminants environnementaux, socio-économiques et culturels.

EXECUTIVE SUMMARY

Worldwide, it's obvious today that diagnostic, therapeutic and preventive resources and measures currently available in the hands of the international health community, can be used effectively and efficiently for the extension of health priority interventions in order to cope with major challenges, faced to which the key actors in global health are confronted and in the context of progress towards the achievement of the future objectives of universal health coverage .

This impetus of discoveries of new techniques, methods, strategies in the context of progress towards universal health coverage, has been compromised by the emergence of new threats such as HIV/AIDS with the increase in cases of tuberculosis, severe acute respiratory syndrome, the difficulties related to the eradication of malaria, polio and other viral and bacterial infections in most World Health Organization (WHO) Members States.

In addition to the great success achieved by the international health community about the eradication of certain infectious diseases such as smallpox, the course of events in the management of communicable diseases especially in developing countries is changing because of the importance taken by non-communicable diseases (cardiovascular diseases, mental health, cancer ...) and traffic accidents in the statistics produced by the health information systems of these countries ; industrialized countries are facing for long time these communicable diseases since the second half of the 20th Century, and which are qualified as industrial pandemics.

This ongoing transition is highly dependent on the stroke of countries to achieve a level of economic development through the development of industries and the human actions on the environment that surrounds their living ; which indicates that in addition to these major challenges raised at the global level, there are the difficulties associated with the management of key living environment, climate change, food and other social factors surrounding the economic life of society.

Health systems financing issues are and remain also valid because of the scarcity of financial resources since the year of the international financial crisis to face these previous challenges affecting other building blocks of health systems and because of the exorbitant cost related to the production and use of new technologies of information and communication in the health field and management of non communicable diseases because of their chronic status. So how to integrate sectoral and national health policies to be develop into account of states macro -economic policies about this new agenda, given the interrelationship between health and development through the major drivers of economic growth will be another priority.

Universal access to essential medicines, vaccines and biological products by the third of the world population at the place and at the right time still raises major questions from the main actors and the most accredited experts, pushing them to lean in favor of a review of international policies in this area between the main bodies, namely the WHO Member States and World Trade Organization (WTO) .

The acute shortage of skilled human resources at global level as well as the difficulties in their initial and post-graduate training or their skills improvement and fairly redistribution come to worse this situation of poor performance of most health systems globally. Health information management systems are mostly still based on the hand computing and reporting systems making it difficult the transmission of medical information for effective and efficient management of cases of disease and early warning in the context of the prevention and management of epidemics, natural disasters ...

The current demographic dividend due to the rapid development of means of transport worldwide cannot currently be ignored in the development of a comprehensive policy to consider a holistic approach for health systems.

This shows that the world still faces some major challenges and even for the pioneers countries which contributed significantly to the development of the most efficient healthcare systems and based on universal coverage and far ahead achieving the concept of universal health coverage. It thus emerges that a new impetus must be driven to global health governance around the WHO with the involvement of all Member States and key stakeholders because of their multiplicity on the ground and difficulties in the coordination of international efforts on the global health field.

Strategic axes of the global policy to be adopt must to lean on strengthening the global governance through offensive health diplomacy, strengthening health systems through a holistic approach, good regulation of trade policies and agreements related with health, reducing inequalities by strengthening the institutional mechanism, strengthening the role of civil society in the decision -making bodies, expanding access to essential drugs, vaccines and biological products and the development innovative methods and measures to meet the growing needs. Rely on these axes lead to the establishment of sustainable health systems oriented towards achievement of universal health coverage.

Therefore, the multisectoral approach appears to be the best approach among many others for better coordination and integration of national health policies and strategies within different long-term development macroeconomic policies of WHO Member States and other States or non-States or entities adhering to World Health Organization ; key decisions arising from the adoption of this approach based on political consensus taken around the World Health Organization and to the extent that it takes into account beyond the genetic, biological, physic and chemical factors, the broad spectrum of environmental, socio- economic and cultural health determinants.

I. INTRODUCTION

Dans sa constitution adoptée lors de la Conférence internationale de la Santé, tenue à New York du 19 juin au 22 juillet 1946, les Etats signataires sont convenus que le but de l'Organisation Mondiale de la Santé (OMS) est d'amener tous les peuples au niveau de santé le plus élevé possible[1]. Un idéal pensé ce jour alors que l'Organisation et ses partenaires n'avaient pas encore le tiers des moyens diagnostiques et de thérapies diverses disponibles aujourd'hui dans leurs mains pour faire face aux défis auxquels ils se trouvent actuellement confrontés en vue de faire converger tous les pays vers l'atteinte du concept de la couverture universelle. De cette date historique d'adoption de cette constitution, un demi-siècle s'est écoulé dans la lutte contre les grandes épidémies au travers des différents continents et régions du monde en passant par des repères importants en termes de changement des causes de maladies (une transition épidémiologique ayant entraîné le passage des maladies transmissibles comme principales causes de décès à celles non transmissibles) à partir des années 1950 dans les pays développés et des progrès importants en cours dans la lutte contre celles transmissibles dans les pays en développement, maintenant confrontés à un double fardeau.

Nul n'a été la survenue du VIH/Sida au début des années 1980 dans certaines parties du monde augmentant ainsi la charge de morbidité et de mortalité imputable aux maladies transmissibles dans les pays en développement, les progrès dans la lutte contre ces catégories de maladies seraient encore beaucoup plus palpables qu'aujourd'hui consécutifs aux efforts coordonnés de la communauté internationale. Certes l'espoir vient de renaître face à cette pandémie du siècle ainsi bien que face à d'autres maladies transmissibles (paludisme, encéphalite japonaise….) à travers des initiatives de développement de vaccins, qui, si mis au point, pourront faire reculer de façon drastique non seulement leurs prévalence et incidence mais également leurs poids sur les économies dans les pays endémiques surtout pour ceux en développement.

Au regard de l'évolution de l'urbanisation anarchique dans les pays en développement et l'adoption des modes de vie nouvelles sans encore de véritables stratégies mises en place pour lutter efficacement contre les maladies non transmissibles plus particulièrement celles chroniques, la charge de morbidité et de mortalité imputable aux maladies transmissibles se verrait doublée si rien n'est fait à l'échelle internationale pour fournir des paquets de services intégrés dans ce sens dans certains pays ayant rapporté déjà de fortes incidences ces dernières années. Ceci montre que le monde reste toujours confronté à des défis majeurs à relever dans le cadre de la couverture sanitaire universelle même dans les pays développés où des inégalités d'accès aux services et de financement constituent encore des préoccupations de premier ordre dans les pays pionniers de la mise en route de ce concept de couverture sanitaire universelle ; les défis étant encore énormes dans les pays en développement et plus particulièrement dans les Etats fragiles où les efforts en cours sont souvent perturbés à cause des effets pervers découlant de leur situation politique délétère.

"Dans sa résolution WHA59.24, l'Assemblée mondiale de la Santé s'est dite consciente de la charge croissante due aux maladies et aux affections qui touchent de manière disproportionnée les pays en développement, particulièrement les femmes et les enfants. Il est impératif de réduire la très forte incidence des maladies transmissibles dans ces pays. Parallèlement, il est important que les Etats Membres et le Secrétariat de l'OMS prennent conscience et tiennent davantage compte de la prévalence croissante des maladies non transmissibles dans ces pays[2]".

Aujourd'hui, une autre tendance couplée à cette situation est que les systèmes de santé des Etats membres de cette organisation et de quelques non-adhérents sont tous confrontés à une situation de rareté des ressources financières pour mettre en place des systèmes de santé viables tournés vers l'atteinte des objectifs d'une couverture sanitaire universelle compte tenu des besoins croissants de leurs populations en matière d'une demande forte des services de santé de meilleure qualité qu'ils veulent accessibles et abordables. Le récent rapport de l'OCDE produit en 2013 sur la santé est particulièrement illustratif dans ce sens dans les pays de cette organisation et indique clairement que "bien que les indicateurs tels que l'espérance de vie ou la mortalité infantile fassent penser que la situation s'améliore globalement, les inégalités en matière de revenu, d'éducation et d'autres indicateurs sociaux ont toujours une incidence profonde sur l'état de santé et l'accès aux soins[3]". En plus de ce constat qui montre que les défis d'une couverture sanitaire universelle demeureront une question d'actualité au cours des prochaines années, d'autres conditions sanitaires liées à l'environnement de vie telles que les cancers et d'autres types de maladies non transmissibles liées à l'alimentation et aux modes de vie (maladies cardiovasculaires, malnutrition et troubles nutritionnels, obésité, diabète...) et aux facteurs entourant la vie en société (maladies mentales...) constituent autant que les accidents de la circulation du fait de leurs conséquences sur la qualité de vie des accidentés, des préoccupations majeures de santé publique dans la plupart des pays et montrant davantage que les autorités sanitaires des différents pays restent confrontées à des défis devant être relevés dans le secteur des soins de santé et de la prévention des maladies.

En outre, les outils innovants de diagnostic et autres méthodes de thérapies nouvelles arrivant sur le marché de ce domaine socio-économique important rendront la situation moins reluisante pour d'autres du fait des coûts liés à leur production et à leur exploitation.

Face à ces difficultés d'ordre commun dont les priorités sont hiérarchisées dans les différentes parties du monde, le renforcement du partenariat entre les différents acteurs (décideurs politiques, organisations internationales, ONG internationales et nationales, scientifiques, professionnels de la santé, des industries pharmaceutiques, la société civile en pleine mutation....) doublé d'une meilleure coordination des efforts en faveur de l'action sanitaire internationale pourront être les facteurs précurseurs de cette volonté nouvelle de faire converger les pays vers l'idéal d'une couverture sanitaire universelle. Ce sont autant d'interrogations qui nous amènent à se pencher sur ces questions d'ordre commun pour tous les acteurs de la santé globale dans le but de rassembler les bonnes initiatives pensées et exprimées sur les défis à affronter ensemble dans le post OMD en vue de participer à la formulation des recommandations et stratégies pratiques pour accompagner la communauté internationale dans sa longue marche de lutte vers l'atteinte du concept de couverture sanitaire universelle.

Pour mieux aborder les défis auxquels les systèmes de santé des pays sont confrontés aujourd'hui, il paraît au prime abord dans ce travail, d'éclairer la lanterne des lecteurs sur ce qu'est un système de santé, de sa viabilité et comprendre comment les systèmes de santé de façon viable doivent s'inscrire dans une logique de la couverture sanitaire universelle avant d'énoncer les grands défis auxquels les systèmes se trouvent confrontés et les perspectives nouvelles à exploiter dans le cadre de la couverture sanitaire universelle.

I.1. Systèmes de santé viables et couverture sanitaire universelle

Pour une analyse profonde des systèmes de santé, les contextes loco-régional et international et les autres facteurs influençant les systèmes de santé sont et demeurent fortement différents au sein des grands groupes de pays ou régions que constituent les pays membres de la communauté sanitaire internationale malgré que leurs différents systèmes de santé ont en gros les mêmes missions à accomplir : celle de promouvoir le bien-être des populations à travers le diagnostic, le traitement et les différentes méthodes de prévention des maladies en agissant sur les facteurs de risque environnementaux, socio-économiques, nutritionnels et des modes de vie nuisibles à la santé.

Cette mission apparaît aujourd'hui beaucoup plus compliquée dans la mesure où les points de vue des politiques, qui ne demandent que d'agir maintenant pour trouver la solution à certains problèmes pour des fins politiques, diffèrent souvent de celui des scientifiques et des professionnels inscrits dans une optique de trouver la meilleure solution possible des choix thérapeutiques pouvant bénéficier à une part importante de la population. Un autre point de vue à faire converger avec ceux de ces deux principaux acteurs de la santé globale est celui des industriels pharmaceutiques, responsables de la production et de la mise sur le marché des médicaments, vaccins et d'autres produits médicaux (imagerie médicale, les moyens de diagnostic rapide….) destinés à soutenir les professionnels dans leur prise de décision et de prise en charge. A leur niveau, des efforts supplémentaires seront attendus dans les futures années pour l'implication de tous sur la voie de la couverture sanitaire universelle.

Malgré que ces premiers principaux acteurs suscités jouent un rôle primordial dans les prises de décision en ce qui concerne les stratégies globales de lutte et de prévention des maladies mises en place ces dernières décennies, une autre composante forte en plus de ces acteurs cités plus haut, qui tend à renforcer sa place dans les prises de décision pour transformer les systèmes de santé en les tournant vers des systèmes viables capables de fournir des prestations à tout moment et en tout lieu pour chaque citoyen du globe sans aucune forme d'exclusion sociale, est constituée par la panoplie des organisations internationales et de la société civile (ONG Internationales, ONG nationales, Associations, Partenariats public-privés, Fondations…). Ces derniers groupes constitueront en accord avec d'autres acteurs, les principaux pourvoyeurs de la mise en place des systèmes de santé viables et équitables pour tous et ceci grâce au développement et à la mise en route des partenariats stratégiques dans le domaine non seulement d'échanges d'informations sur les causes des maladies et de leurs caractéristiques mais aussi dans la recherche & développement devant permettre un transfert de technologies selon les capacités d'accueil des différents Etats pour trouver des solutions communes aux problèmes de santé globale ; ces inventions étant considérées comme des biens publics mondiaux (BPM) à l'égard d'autres ressources mondiales bénéficiant à la population mondiale.

Le manque à gagner à ce niveau est la faiblesse dans la coordination des actions internationales des principales composantes de ce groupe de partenaires, qui restent parfois fragmentées vue que les motivations diffèrent par endroits ; certaines de ces organisations ou institutions étant elles-mêmes des organes au service de la coopération internationale de leurs pays respectifs. Cette situation rend difficile souvent la convergence des points de vue des grandes puissances sur certaines des questions sanitaires internationales ; ce qui doit permettre la prise en compte du contexte international dans l'analyse des systèmes de santé en plus des questions plus techniques liées aux blocs constructifs du système de santé.

Une autre dimension ou facteur contextuel est la dynamique de la population couverte par les interventions à cause des phénomènes migratoires rendus faciles ces derniers moments consécutifs aux avancées majeures dans le domaine des transports et des programmes d'échanges de toutes sortes entre les partenaires bilatéraux et des politiques de libres échanges au sein des grandes Unions mais relatifs à des questions de protection des droits humains de certaines populations marginalisées (réfugiés de guerre et victimes de catastrophes naturelles et autres...). Ces questions souvent négligeables dans l'analyse des contextes des systèmes de santé, doivent être intégrées au regard de leurs complexités et des difficultés à les résoudre de façon spontanée par les politiques. Elles nécessitent l'implication d'une diplomatie sanitaire offensive afin que ces groupes puissent bénéficier des soins de santé de meilleure qualité.

Toutes ces questions exigent que les systèmes de santé soient analysés sous plusieurs angles faisant intervenir d'autres disciplines et de la diplomatie sanitaire en plein essor de développement afin de comprendre plus en détail les obstacles qui s'y étalent sur le chemin de la couverture sanitaire universelle car le constat est qu'aujourd'hui les problèmes de santé ne peuvent relever du seul domaine des sciences médicales et connexes. Les questions sanitaires doivent être analysées dans un cadre global de développement compte tenu des liens ou des rapports qu'elles pourraient avoir avec d'autres domaines socio-économiques et des interactions qui pourraient découler à la longue exposition à certains des domaines socio-économiques et environnements ainsi que des répercussions sur l'état de santé des populations et l'évolution des systèmes de santé.

I.1.1. Santé et Systèmes de santé : point de vue systémique

Selon l'Organisation Mondiale de la Santé (OMS), un système de santé se compose " de toutes les organisations, personnes et activités dont le but est de promouvoir, restaurer et entretenir la santé[4]". En partant de cette définition consensuelle de l'organisation, les efforts des différentes équipes ayant travaillé sur cette thématique importante, ont permis d'avoir une réflexion structurée autour de ce qui peut être pensé comme un système de santé pendant cette période de modernité dépendant fortement du niveau de développement d'un pays à l'autre mais ayant pratiquement la même structure de base et la même mission à accomplir face à une population cible en perpétuelle mutation.

Ces différentes réflexions ont permis d'asseoir des piliers fondamentaux sur lesquels doivent se reposer le système et communément appelés les blocs constructifs d'un système de santé (voire schéma ci-dessous); la performance des systèmes de santé se mesurant donc à travers une bonne gestion, une bonne coordination, une meilleure intégration de ces différents blocs constructifs afin de fournir des services de santé de meilleure qualité malgré que cette architecture peut paraître encore plus complexe dans certaines circonstances à cause d'autres facteurs intervenant de façon soudaine ou imprévue sur le système et non encore élucidés. C'est la raison pour laquelle d'ailleurs, cette architecture des systèmes de santé dans ce contexte de globalisation paraît énormément difficile à structurer qu'il convient de renforcer ces blocs constructifs centraux par l'analyse d'autres facteurs générés sur la base de preuves évidentes dans d'autres circonstances à cause de leurs effets possibles sur le système ou des interactions qu'ils entretiennent et ayant des effets sur la santé des populations.

Cette question est d'autant plus importante aujourd'hui qu'un système de santé performant ne peut être basé uniquement que sur tous ses piliers et nécessitant parfois le développement de partenariats solides entre les pays et des acteurs en vue de lutter efficacement contre certaines maladies (transmissibles et émergentes) et contribuer à l'éradication d'autres grâce à la mise en place des systèmes d'alerte précoce, de surveillance et de prise en charge des cas symptomatiques. L'analyse de cette question de performance exige aussi d'apporter une attention particulière à certains défis affectant les systèmes de santé notamment :

- Le **leadership** et la **gouvernance** démocratique participative car ces éléments constituent des gages fondamentaux pour pouvoir asseoir un système de santé solide, équitable, viable, durable et tourné vers la prestation d'un paquet de services intégrés qui peuvent être améliorés au fil du temps en fonction de la demande croissante des populations bénéficiaires ; un meilleur leadership dans le secteur garantit la continuité et l'amélioration des services essentiels à travers l'application des réglementations en vigueur et la recherche des solutions idoines de financement des soins, de perfectionnement des professionnels et des méthodes nouvelles à la fois efficaces et efficientes. La responsabilité et la responsabilisation des administrateurs envers les administrés dans la chaîne de production des soins doivent être l'un des principaux credo gouvernant ce domaine socio-économique devenu très sensible dans les Etats du monde et occupant une place de choix dans les politiques sociales des pays ;
- La disponibilité des **ressources humaines** par ce que seuls de professionnels formés, qualifiés sont capables non seulement de développer des politiques et des stratégies cohérentes, équitables pour la prise en charge et la prévention des maladies, de les piloter, de développer des partenariats de coopération dans le domaine de la recherche et du développement des projets et programmes prioritaires de santé, d'orienter les stratégies des plans nationaux de développement sanitaire devant être intégrés dans le cadre général des politiques de développement des pays. Ce bloc est vraiment crucial dans la mesure où une meilleure gestion des ressources humaines à travers leur qualification et leur perfectionnement par la formation continue et leur répartition équitable dans les zones géographiques permettra de réduire des déserts sanitaires en augmentation au sein des Etats par faute soit de politiques rigoureuses à cet effet, soit par manque d'application des réglementations en vigueur ou par manque de ressources financières pour y faire face. Différentes politiques de développement des ressources humaines dans le domaine ont été déjà élaborées par des experts en la matière et ces stratégies feront l'objet de recommandations dans les paragraphes suivants en fonction des défis identifiés ;
- L'organisation de la **prestation des services de santé**, parce que ce bloc du fait qu'il occupe une place centrale au sein du système de santé, doit demeurer être organisé autour des principales priorités en

termes des soins de santé à offrir aux différentes cibles en fonction des différents niveaux et de la situation épidémiologique en cours et des programmes de prévention. La réponse à la transition épidémiologique qui a commencée dans les pays développés vers la moitié du siècle passé et ayant entraîné des innovations majeures dans les choix thérapeutiques et le développement des méthodes innovantes, se doit d'être poursuivie pour répondre aux défis grandissants et consécutifs à la lourde charge imputable aujourd'hui aux maladies chroniques, aux cancers et au vieillissement de la population ; les réseaux sociaux devant être également renforcés pour essayer d'intégrer les couches défavorisées au sein des différentes communautés et d'éviter les exclusions sociales, facteurs précurseurs de la plupart des maladies psychiques. L'organisation de la structure des soins produits dans les pays en mutation en termes de réformes pour renforcer les structures et les programmes mis en route pour lutter efficacement contre les maladies transmissibles à forte endémicité surtout les maladies de l'enfance avec un accent sur la santé de la mère et de l'enfant (l'espérance de vie étant toujours affectée en gros par ces catégories de maladies dans la plupart des pays en développement) ainsi que des ébauches de programmes ou de structures parallèles spécialisées pour commencer déjà à faire face aux maladies non transmissibles. Cet élan de réformes au niveau de chaque groupe de pays nécessite l'implication de l'Organisation Mondiale de la Santé en collaboration avec les acteurs clés de la santé globale pour opérationnaliser ces profondes réformes au sein des Etats à travers leurs appuis techniques pour la définition des normes et standards nouveaux et la recherche des solutions possibles grâce au développement des partenariats dans les domaines de recherche-développement et le renforcement de la coopération ;

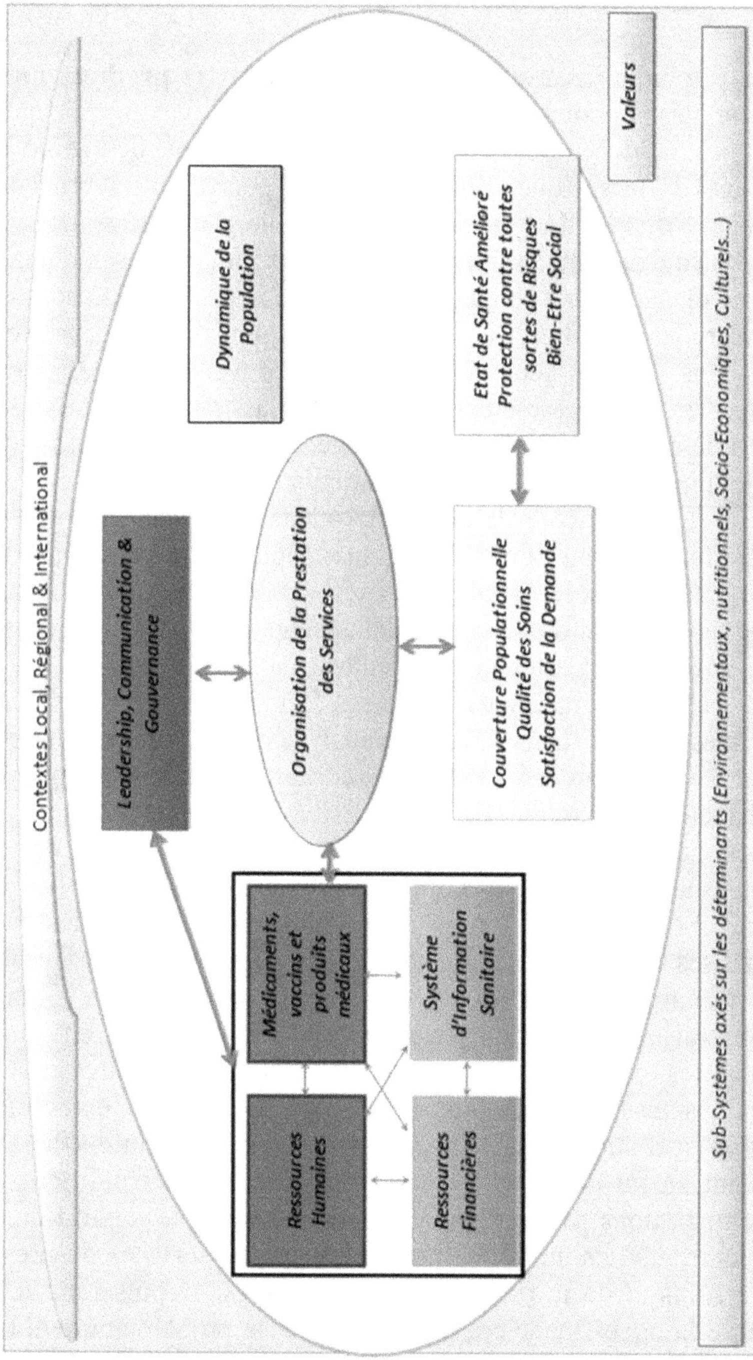

Schéma 1 : Illustration du Cadre d'un Système de santé

Adapté de Patrick Martiny-ULB, 2012

- La disponibilité des **médicaments, vaccins et produits médicaux**, car les ressources humaines ont belles été compétentes, dynamiques, motivées dans l'offre des services de santé de qualité aux populations de leurs zones d'intervention et pour d'autres provenant d'horizons différents tout au long de l'échelle du système de santé mais si les équipements et intrants nécessaires pour la prise en charge des cas de maladies aussi bien dans des situations de stabilité politique que pendant les désastres, guerres, épidémies, ne sont pas disponibles à temps dans les aires géographiques où se trouvent les bénéficiaires, les acteurs ne pourront atteindre les objectifs assignés pour prodiguer des soins de qualité et faire espérer un bien-être social pour ces populations victimes de ces phénomènes naturels. Ce qu'il faut reconnaître malgré qu'il reste encore de défis importants au niveau global, c'est que des efforts énormes ont été consentis depuis un certain temps par les différents pays et les acteurs engagés sur cette voie pour accroître la couverture globale de certains médicaments essentiels, antigènes et produits médicaux. Certes des difficultés majeures persistent encore en termes d'accessibilité sous toutes ses formes dans certaines zones et en termes d'équité dans l'accès. L'analyse de ces défis majeurs basés sur des preuves évidentes édifiera l'établissement des recommandations en termes de voie à suivre dans le post OMD ;
- Les questions de **financement des systèmes de santé,** car ces questions sont devenues plus complexes depuis la dernière crise économique mondiale pour tous les Etats même pour les plus industrialisés faisant l'accès de toute la population aux services de santé prioritaires, des sujets d'ordre national surtout pour les politiques. La mise en place de nouvelles infrastructures et la rénovation des structures existantes afin qu'elles répondent aux normes et standards exigés aussi bien que leur dotation en équipements de dernière génération et d'autres outils innovants de diagnostic ou de thérapie constituent autant de priorités à être financées par les politiques et les administrations sanitaires que la prise en compte des différents coûts récurrents liés au bon fonctionnement des services de prestation des soins et de la prévention des maladies. Depuis l'an 2008, l'année de la crise financière internationale, la problématique du financement des systèmes de santé en vue de mettre en place des systèmes durables tournés vers l'atteinte du concept de la couverture sanitaire universelle prônée par l'OMS, devient de plus en plus compliquée au regard de l'évolution lente de la part du produit intérieur

brut des différents Etats dans le cadre des dépenses totales allouées aux systèmes de santé. Tous les acteurs sont unanimes aujourd'hui que le choix de l'un des premiers systèmes de protection sociale de référence (Beveridgien ou Bismarckien) à lui seul, ne peut permettre des avancées significatives vers l'atteinte de la couverture sanitaire universelle mais au contraire qu'il faudrait une combinaison de différents mécanismes de financement des systèmes de santé aux niveaux local, régional et international. Certains mécanismes de financements innovants et des partenariats public-privés mis en place durant la dernière décennie écoulée ont permis de façon significative d'améliorer le cadre de financement de certaines maladies prioritaires de la santé internationale et de renforcer les systèmes de santé dans certains pays. De nouvelles pistes dans ces domaines à différents niveaux (local, régional et international) doivent être ciblées pour permettre de dégager des fonds supplémentaires dans le cadre de la mobilisation des ressources au regard des possibilités limitées d'élargissement fiscal en faveur du secteur de la santé et de la concurrence avec d'autres secteurs prioritaires du développement socio-économique dans tous les pays. La protection contre les risques financiers dans la demande des services de santé par les bénéficiaires constitue un défi autant pour les gouvernants dans les pays développés où la question d'accessibilité géographique paraît moins frappante que pour les pays en développement où l'aide publique au développement prend encore une forte proportion dans les dépenses de santé de la plupart des pays. Ce bloc comparativement à d'autres des systèmes de santé reste encore confronté à des défis majeurs devant être relevés par la communauté sanitaire internationale, du fait ce que représentent encore les paiements directs des usagers dans certaines parties du monde, exposant des communautés entières à des dépenses de santé catastrophiques entraînant leur appauvrissement alors que des solutions peuvent être proposées même au niveau local.

- Un **Système d'Information Sanitaire Efficace**, dans la mesure où les systèmes de santé restent confrontés à la gestion d'une panoplie de données administratives, personnelles des patients qui sont groupées en des statistiques différentes devant servir à des prises de décisions pratiques, les avantages énormes de ce bloc ont permis de faciliter la circulation de l'information médicale entre les différents services de soins dans les conditions normales pour une prise en charge des cas de maladies et d'alerter de façon rapide et efficace en cas de situations inhabituelles (gestion des catastrophes naturelles, des épidémies...). Au-delà de ces rôles premiers dévolus au bloc, il constitue l'un des sub-systèmes ayant entraîné de véritables mutations au sein des systèmes de santé aussi bien dans les pays développés que ceux en développement ces dernières années à cause de la rapidité de l'information médicale fournie à temps à travers les systèmes nationaux de gestion des données médicales mises en place dans la plupart des pays grâce aux efforts des partenaires techniques et financiers. Des partenariats de télémédecine développés partout en termes de coopération entre les différents acteurs dans le monde doivent être encouragés et mis à grande échelle dans les zones d'accessibilité difficile en proposant des méthodes innovantes de fonctionnement des systèmes à mettre en place. Les avancées dans ce domaine très passionnant permettront certainement de déterminer le cours des prochains événements majeurs qui se produiront en termes de réformes dans les systèmes de santé au regard de leurs impacts positifs sur la santé communautaire par endroits durant la dernière décennie.

- Les **sub-systèmes axés sur les déterminants** (environnementaux, nutritionnels, socio-économiques, culturels...) parce qu'ils apparaissent comme le bloc le moins connu et le complexe à analyser en profondeur à cause de la non-maîtrise de tous les facteurs entourant notre environnement ou non encore élucidés à travers la recherche aussi fondamentale dans les laboratoires scientifiques d'expérimentation que par les principales études d'observation (écologiques, descriptives ou analytiques) ainsi bien que par les analyses qualitatives de la vie en société (habitudes, comportements, attitudes pratiques etc.). La gestion et la maîtrise des connaissances entourant certains des domaines de ce sub-secteur nécessitent parfois une forte collaboration entre différents départements sensés gérer ce domaine en plus du département de la santé au sein des Etats dans la recherche des réponses et des solutions à certains problèmes de santé et à ce niveau, beaucoup de défis demeurent encore au regard de la diversité des facteurs et aux changements de caractéristiques face à certains éléments et phénomènes entourant notre environnement de vie (micro-organismes, facteurs climatiques, météorologiques...).

Dans cette logique, entrent aussi les effets de nos agissements sur la nature entraînant une augmentation des émissions de gaz à effet de serre et d'autres effets dont les conséquences ne sont pas encore élucidées. Au regard de ces problématiques d'ordre général, il est clair que la santé globale reste encore confrontée à des défis de taille dont la bonne coordination des efforts peut prétendre être la solution à certains problèmes cruciaux en attendant de s'attaquer à d'autres en vue d'engager tous les pays et d'assurer leur convergence dans le cadre de l'atteinte des objectifs de la couverture sanitaire universelle malgré que le chemin sera très long pour parvenir ou atteindre ces idéaux.

- Tous ces facteurs suscités doivent être intégrés au niveau des systèmes de santé des différents pays pour permettre d'évaluer l'atteindre des objectifs d'une couverture sanitaire universelle en termes de couverture populationnelle, d'une meilleure **offre de la qualité des soins,** de la **satisfaction de la demande des bénéficiaires** dans un but final d'améliorer non seulement la santé globale mais aussi de fournir une **protection contre les risques financiers** de toutes sortes et améliorer le **bien-être des individus, familles, populations**.

Finalement, la gestion des systèmes de santé doit être guidée par des **valeurs** : la santé étant considérée comme l'un des droits fondamentaux de tout être humain, quelles que soient sa race, sa religion, ses opinions politiques, sa condition économique ou sociale, la justice sociale et l'équité, l'optimum entre l'autonomie et la sécurité, le bien-être des individus et de la communauté ainsi bien que de l'efficacité, mais aussi de l'efficience, de la durabilité et de la confiance et de la responsabilisation, de la participation ..Les valeurs en jeu et l'équilibre sont uniques dans chaque contexte, et dépendent de l'équilibre des pouvoirs existants[1-5]".

I.1.2. Systèmes de santé viables

Partant de trois (3) des principes fondamentaux de la constitution de l'Organisation Mondiale de la Santé (OMS) qui stipulent que :" la santé de tous les peuples est une condition fondamentale de la paix du monde et de la sécurité, qu'elle dépend de la coopération la plus étroite des individus et des Etats et que les résultats atteints par chaque Etat dans l'amélioration et la protection de la santé sont précieux pour tous", les acteurs gouvernant la santé globale se doivent d'avoir toujours à l'idée qu'ils ont un devoir envers les plus démunis et les plus nécessiteux à la recherche des soins de santé quel que soit le niveau ou l'emplacement qu'ils se trouvent.

Ce qui fait que les principales caractéristiques que devraient avoir alors les systèmes de santé modernes pour qu'ils soient viables dans l'exécution de leurs missions régaliennes sont entre autres :

- Des systèmes qui s'efforceront et qui sont capables d'adopter au sein des Etats des **politiques et stratégies cohérentes** tenant compte de la complexité du cadre de leurs fonctionnements et de la panoplie d'autres facteurs qui jouent un rôle certain et situés en dehors des systèmes ;

- Des **interventions de prévention et de traitement des maladies** recommandées dans ces politiques étant basées sur les preuves évidentes générées dans différents contextes, doivent être non seulement efficaces et efficientes mais pouvoir couvrir une grande proportion des populations avec un accent sur les questions d'équité dans l'accès aux soins et une réponse adéquate à la forte demande des bénéficiaires ;
- Des systèmes capables de développer et de mettre en place différents **mécanismes de protection des populations** bénéficiaires contre les risques allant de l'accessibilité géographique à celle financière ainsi bien que le franchissement de certaines barrières culturelles afin de prodiguer des soins essentiels par des personnels compétents de choix. La protection des populations contre les différents risques auxquels peuvent courir les populations, exige et exigera toujours la collaboration d'autres acteurs et départements et la combinaison de différents mécanismes financiers. Elle exige également la mise en place des politiques autoritaires (dirigistes) que des politiques incitatives selon les circonstances pour freiner des cas d'abus de consommation des soins de la part des bénéficiaires et de taxation plaisante des professionnels ;
- Il s'agit aussi des systèmes capables de saisir des **opportunités ou des méthodes innovantes** pour répondre aux besoins croissants des populations en toute circonstance. Ces méthodes devront être choisies dans le cadre de la mise à grande échelle de certaines interventions ou pour couvrir les populations des zones d'accessibilité difficile et rendre abordables d'autres types d'interventions pour les populations partout les besoins se font sentir. Aujourd'hui la production d'une gamme de méthodes et d'outils innovants constitue une des stratégies phares de tous les industriels impliqués dans la fourniture des médicaments, vaccins et autres produits médicaux pour se faire une place de choix sur le marché et si cette politique doit être accompagnée par endroits, mais elle doit être diversifiée en termes de développement de partenariats dans le cadre de la mise en place des systèmes viables tournés vers la couverture sanitaire universelle.

En d'autres termes, les **systèmes de santé viables** reposant sur une bonne coordination et une meilleure intégration des différents blocs d'un système de santé et prenant en compte la complexité de leurs environnements, devront avoir ces différentes caractéristiques et se saisir des grandes opportunités d'aujourd'hui pour être des systèmes de santé plutôt orienter à soulager les patients et améliorer des Etats sanitaires des différentes couches de la population ainsi qu'à offrir un Etat de bien-être social que servir comme des systèmes ayant seulement pour mission de prévenir et de traiter les maladies dans un environnement dédié à cet effet qu'à des couches favorisées. La voie à suivre pour atteindre ces idéaux étant longue et parsemée d'obstacles à tous les niveaux, l'atteinte des objectifs fixés par la communauté internationale ne saurait être mesurée pour connaître le niveau des progrès ou des défis à relever sans des systèmes ou des composantes d'évaluation et de monitoring de ces politiques, nécessaires pour mettre en place des jalons du développement durable dont le secteur de la santé devrait être l'un des meilleurs secteurs contributeurs à cause des moyens dont il dispose aujourd'hui.

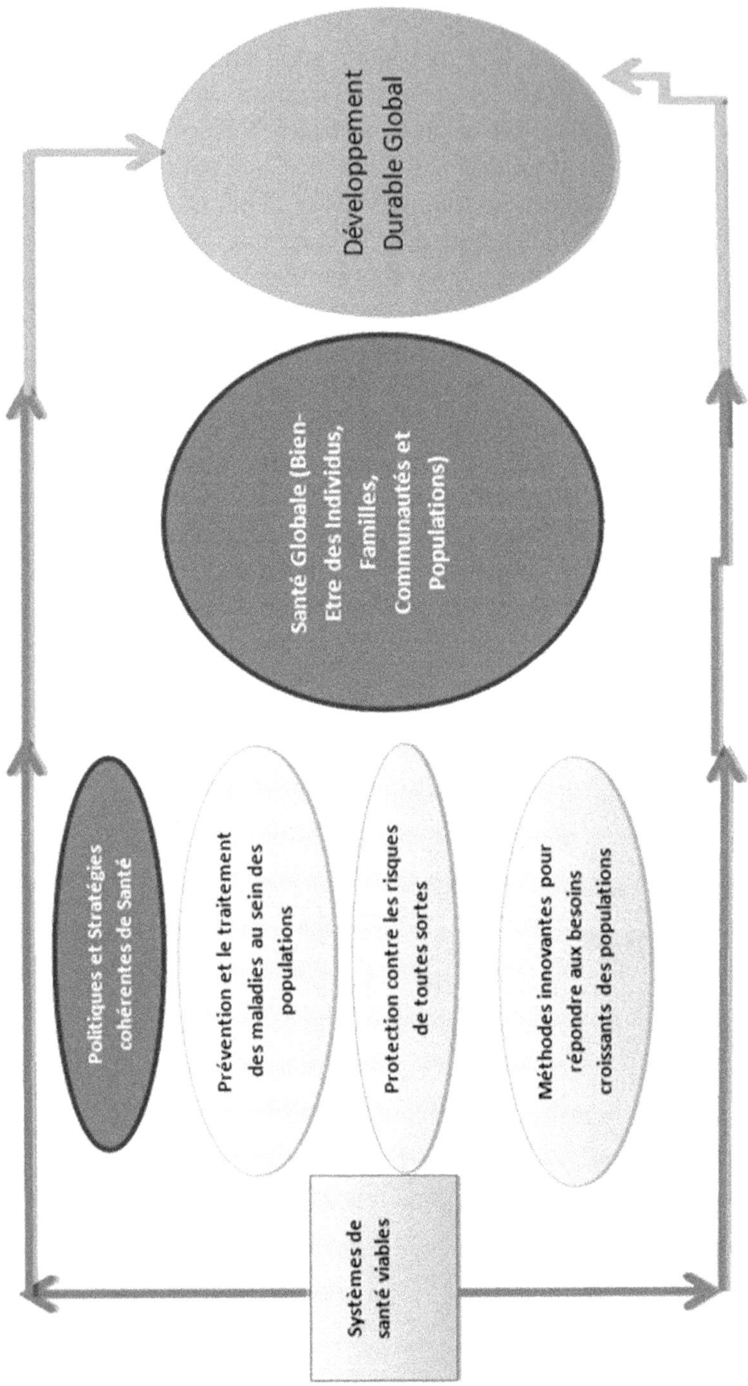

Schéma 2 : Illustration des caractéristiques des systèmes de santé viables

Source : Auteur

I.1.3. Relation entre Systèmes de santé viables et couverture sanitaire universelle

Aujourd'hui, il est clair pour tous les pays membres de l'Organisation Mondiale de la Santé (OMS) et même pour les quelques non-adhérents à cette agence du Système des Nations Unies que la voie à suivre dans les prochaines années sera celle de la politique de couverture sanitaire universelle prônée par l'organisation auprès de ses Etats membres et ses principaux acteurs. C'est un défi d'ordre mondial autant pour les politiques des pays et les gouvernants des institutions et partenaires impliqués dans un domaine quelconque de la santé internationale que pour la société civile en pleine mutation du fait de son exigence dans tous les pays du monde pour l'obtention de certains droits fondamentaux d'existence comme l'accès aux soins santé de meilleure qualité à tout moment et en tout lieu. Raison pour laquelle, le concept de la couverture sanitaire universelle peut être considéré comme l'objectif le plus ambitieux que l'Organisation et ses Etats membres ne s'étaient jamais fixés.

Pour rappel, la définition de la couverture sanitaire universelle englobe trois objectifs associés :

- L'accès équitable aux services de santé – tous ceux qui ont besoin des services de santé, quels que soient leurs moyens financiers, doivent pouvoir y accéder ;
- La qualité – les services de santé doivent être d'une qualité suffisante pour améliorer la santé de ceux qui en bénéficient ;
- La protection financière – le coût des soins ne doit pas exposer les usagers à des difficultés financières[6].

Ces trois principaux objectifs assignés ne peuvent être atteignables par l'Organisation sans la mise en place des systèmes de santé viables décrits plus haut, s'adaptant aux changements majeurs intervenants au sein des populations, profitant ou saisissant des opportunités en termes d'innovations à propos des différents blocs de l'architecture des systèmes pour la mise à grande échelle des interventions efficaces et efficientes et s'inscrivant dans une dynamique de développement durable en collaboration avec les autres secteurs pour relever certains défis communs. Des systèmes de santé viables sont nécessaires pour non seulement atteindre ces objectifs de la couverture sanitaire universelle mais également pour permettre d'aller au-delà en rendant aux individus, familles, communautés et peuples dans différentes contrées du monde, des meilleurs états de santé et du bien-être social. C'est une condition sino quanum de paix, de sécurité, de prospérité pour les différents peuples du monde. Une gouvernance dynamique de la part de l'Organisation couplée d'une bonne coordination des actions internationales dans le domaine doit être boostée pour permettre l'atteinte de ces objectifs d'ordre mondial par les différents Etats au compte de différents peuples du monde dans différentes parties du monde.

En plus de l'engagement de l'Organisation Mondiale de la Santé et ses différents partenaires à accompagner techniquement et financièrement les différents Etats pour la mise en place de ces types de systèmes de santé décrits plus haut et qui doivent avoir comme caractéristiques fondamentales, la viabilité, l'équité, la cohérence et l'intégration des différents sub-systèmes, d'autres fondamentaux comme la gouvernance locale, le développement de partenariats solides dans le domaine de la recherche-développement, le transfert des technologies et tant d'autres domaines non abordés doivent être prônées par les Etats eux-mêmes à différents niveaux (local, régional et international) afin que ces idéaux soient atteints par tous les pays. Cependant, il faut reconnaître que l'un des problèmes majeurs à ce niveau reste la capacité d'absorption de certaines techniques et technologies nouvelles au sein de certains Etats à cause de leur niveau de développement et de la disponibilité d'un marché pouvant absorber les différents produits médicaux ; certes le niveau de développement et de coopération atteints par d'autres (pays à revenu intermédiaire, pays émergents) se prêtent déjà à de telles conditions afin qu'ils participent à l'application des règlements sanitaires internationaux adoptés à cet effet entre l'OMS et certains de ces partenaires, en l'occurrence l'Organisation Mondiale du Commerce (OMC).

C'est dans cette logique qu'il faut reconnaître les avancées significatives obtenues durant la dernière décennie eu égard aux objectifs fixés dans le cadre des Objectifs du Millénaire pour le Développement (OMD) dans certaines parties du monde et celles-ci grâce aux efforts coordonnés de la communauté internationale pour rendre accessibles certains services essentiels de base et aux fruits de la croissance économique obtenue dans ces pays à revenu intermédiaire et ayant participé à une forte réduction de la proportion de la population se situant en dessous du seuil de la pauvreté, donc à fournir un environnement favorable pour le financement des soins de santé par les populations de ces pays à travers une bonne redistribution des richesses crées.

Malgré ces avancées significatives notifiées dans ces groupes de pays, d'autres Etats à la traîne, les pays les moins avancés (PMA) par rapport à l'atteinte des OMD et ayant connu des difficultés majeures de croissance, ont connu des diminutions très sensibles de la part de leurs dépenses publiques accordées à la santé soulevant toujours de véritables interrogations à relever à la fois, face aux défis liés aux maladies transmissibles et aux questions émergentes (maladies transmissibles, accidents de la circulation) auxquels ils se trouvent actuellement confrontés de façon graduelle. Ce sont ces défis majeurs à différents niveaux et différents d'un pays à l'autre qui feront l'objet de discussion dans les paragraphes suivants en fonction de leurs rapports étroits avec un des blocs constructifs des systèmes de santé avant d'aborder les perspectives actuelles et futures en cours pour continuer de belles actions internationales pour l'atteinte des objectifs de la couverture sanitaire universelle.

II. QUELS SONT LES GRANDS DÉFIS AUXQUELS DEVRAIT S'ATTELER LA COMMUNAUTÉ SANITAIRE INTERNATIONALE DANS LE POST OMD ?

Comme annoncés auparavant, les défis en matière de santé globale dans les différents Etats ou dans les différentes régions du monde si l'on se réfère à la subdivision de l'OMS, sont fonction de plusieurs éléments dont entre autres la situation épidémiologique et la charge des principales maladies qui prévalent au sein des pays, le niveau de performance atteint par les systèmes de santé comparés les uns par rapport aux autres, le cadre institutionnel et l'environnement macro-économique de leurs fonctionnements, la dynamique de la population couverte et ainsi bien que les avancées dans la mise en place des systèmes ou filets de sécurité sociale pour ne pas exclure certaines personnes des différents circuits de prise en charge et de prévention des maladies mis en place. Autant de questions techniques qui font que les défis à relever dans ce domaine devront être analysés en fonction des grands groupes de maladies et des questions transversales (telles que les défis liés à l'intégration des politiques de santé aux politiques nationales de développement économique des Etats, la situation et les possibilités d'élargissement de l'espace fiscal pour une meilleure mobilisation des ressources en faveur du secteur de la santé, la prévisibilité et l'instabilité relative à la prévisibilité de l'aide publique au développement accordée à la santé…) et d'autres facteurs liés aux aspects institutionnels et structurels. Des questions complexes qu'il faudrait analyser en profondeur dans un environnement globalisé en vue de faire émerger tous les défis possibles auxquels peuvent être confrontés les systèmes de santé dans leur environnement local, régional et surtout à l'échelle internationale où les orientations politiques majeures sont définies.

A propos des défis à aborder dans les différents chapitres qui suivront, l'accent sera mis sur la charge des maladies en termes de morbimortalité tout en précisant les populations atteintes (proportion), les zones où se trouvent ces populations, les principales causes et leurs impacts possibles sur les différentes populations (économique, social..). De ces défis soulevés, des solutions possibles en termes de perspectives seront abordées suivant les grands axes de perspectives à suivre et à travers l'adoption d'une approche globale en termes de stratégies et d'interventions de santé publique.

II.1. Défis concernant les maladies transmissibles

Les maladies infectieuses constituent encore des priorités de santé publique dans certaines parties du monde dues à des difficultés majeures à mettre en place des systèmes de santé performants pour lutter de façon efficace et efficiente contre ces catégories de maladies et dont les interventions vont partie des stratégies de traitement et de prévention les plus coût-efficaces et efficientes pour leur mise à grande échelle au sein des communautés.

D'abord, il faudrait retenir qu'à cause des divers aspects déjà mentionnés, ces priorités de santé publique diffèrent d'une région à l'autre et au sein d'une région d'un pays à l'autre en fonction du niveau d'endémicité des maladies et du développement atteints par les systèmes de santé ; certes elles restent encore en gros des axes forts des stratégies de lutte et de prévention contre les maladies dans les politiques nationales de santé de beaucoup de pays et des domaines d'interventions de certains acteurs clés de la santé internationale du fait de l'infectiosité des agents responsables de ces maladies et la rapidité de leur propagation dans des circonstances où l'on a des systèmes de surveillance à faible capacité dans la réponse à ces maladies ; cette capacité à se propager rapidement au sein des populations entraînant parfois des grandes épidémies ou des situations d'épidémies isolées à de forts taux d'attaque ou de létalité par endroits. Des systèmes de santé ne disposant pas des ressources suffisantes, des infrastructures nécessaires et ne pouvant produire des soins de santé au niveau primaire et autres pour les différents groupes de populations dans les différentes aires géographiques, constituent en gros ceux ayant ces difficultés majeures pour une gestion efficace et efficience de ces groupes de maladies.

Dans les pays industrialisés, il faut reconnaître que les priorités de premier ordre ne sont plus centrées sur ces groupes de maladies (infectieuses) du fait des efforts inlassables fournis depuis le milieu du siècle passé pour circonscrire, éliminer voire éradiquer certaines de ces maladies et de la mise en place des systèmes de surveillance qu'on peut qualifier d'une expectative armée ; l'adjonction des principaux antigènes dans les calendriers vaccinaux adoptés et débutant à partir de la naissance. Ces progrès ont été appuyés par des avancées notoires dans les domaines de l'urbanisation, de l'hygiène de l'environnement et de la promotion de la santé aux côtés des populations ainsi que l'accès à l'eau potable ; ces différents domaines constituant toujours des défis importants pour d'autres groupes de pays y compris les émergents. Les niveaux de couverture des maladies à prévenir par la vaccination avoisinent des taux élevés autour de 90% et même au-delà dans certains Etats (Europe de l'Ouest, Amérique du Nord...). Les pays à revenu intermédiaire au sein des grandes zones économiques ont besoin de fournir plus d'efforts et d'accompagnements de la part des partenaires impliqués dans ces domaines pour atteindre ces niveaux escomptés dans les prochaines années et commencer à s'inscrire dans la dynamique des nations développées dans leur lutte contre les maladies transmissibles.

La situation semble être totalement différente dans les pays en développement au regard de la situation épidémique réelle qui prévaut sur le terrain, surtout en Afrique au Sud du Sahara, en Asie du Sud-Est, en Amérique Latine et dans certains Etats du Proche-Orient où ces groupes de maladies constituent toujours des défis importants à relever et qui doivent continuer à attirer l'attention de la communauté internationale vu que le chemin reste encore long par endroits pour l'élimination des principales causes de maladies et à forte charge de morbidité et de mortalité faisant que peu de pays sont engagés sur la voie d'éradication totale de certaines de ces maladies à propos desquelles, l'on peut mentionner des avancées considérables en termes de couverture population en antigènes par exemple ; les pays introduisant chaque année, de nouveaux antigènes dans leurs calendriers vaccinaux en fonction de leurs situations épidémiologiques.

Malgré que des progrès majeurs ont été enregistrés ces dernières décennies dans la réduction de la mortalité qui leur est imputable (maladies infectieuses) de façon globale en plus de l'éradication de la variole et des avancées significatives vers l'éradication de la polio dans la majorité des pays (des efforts en cours étant focalisés sur les derniers pays pour l'atteinte de cet objectif majeur de santé globale), le récent rapport 2013 sur les indicateurs du développement dans le monde produit par la plus grande institution financière internationale (Banque Mondiale) met en lumière que " la plupart des enfants décèdent des causes qui peuvent être évitables ou traitées à travers des interventions déjà existantes, telles que la pneumonie (18%), la diarrhée (11%) et le paludisme (7%) et presque 70% des décès des enfants de moins de 5 ans ont lieu pendant la première année de vie, et 60% durant le premier mois[7]". Si cette situation est une réalité palpable surtout pour cette franche de la population se trouvant en bas de l'échelle des pyramides sanitaires des pays concernés, certes le paradoxe est que ce même groupe de pays qui se trouvent confrontés à ces maladies transmissibles commencent également à enregistrer des proportions de cas élevés de morbi-mortalité dus aux maladies non transmissibles (MNT) dans les anales de statistiques sanitaires de leurs pays compliquant la situation de vulnérabilité de certains Etats (figure1 ci-dessous). Un autre constat est que les niveaux de couverture des principaux antigènes utilisés dans les programmes nationaux de vaccination de ces pays, permettant de mesurer la performance de leurs programmes (DTP, BCG, vaccin anti-rougeoleux...) sont restés stables autour des valeurs observées depuis l'année 2008 soulevant des interrogations de la part des différents acteurs quant à l'atteinte des objectifs qu'ils se sont fixés dans la vision et la stratégie globale de vaccination.

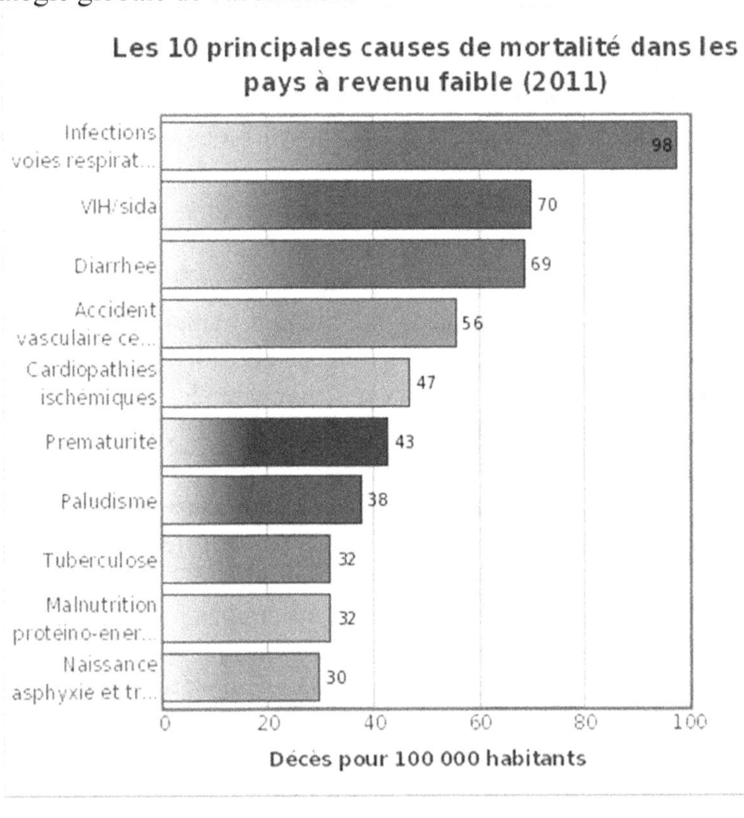

Fig 1 : Principales causes de mortalité dans les PRF(2011)

Source : http://www.who.int/mediacentre/factsheets/fs310/fr/index1.html[8]

A propos de certaines maladies, des efforts sont actuellement en cours par les pays pour les circonscrire à travers l'adoption dans leurs calendriers vaccinaux, de nouveaux antigènes et des combinaisons (vaccin anti-pneumococcique, rotavirus, Pentavalent etc.) et des avancées peuvent être mentionnées dans le développement des vaccins contre le paludisme, l'encéphalite japonaise, la pandémie du siècle, le VIH/Sida à travers le développement de partenariats entre différents acteurs (initiatives entre les secteurs publics et privés et autres) malgré qu'ils demeurent encore des questions d'importance primordiale pour la communauté sanitaire internationale. Bien que ne figurant pas sur cette figure 1 (ci-dessous) axée sur les principales causes de mortalité dans les pays à faible revenu, l'épidémie de la maladie à virus Ebola, de par son ampleur en termes de morbi-mortalité enregistré au cours de la période 2014-2015 avec des conséquences inébranlables sur les économies, dans les trois pays d'Afrique de l'Ouest les plus touchés à savoir, la Guinée, le Libéria et la Sierra Léone avec des cas d'importation aux Mali, Sénégal, Nigéria en Afrique de l'Ouest et en dehors du continent Africain, aux Etats-Unis, en Angleterre et en Espagne, montre à suffisance que cette maladie infectieuse continuera à être inscrite en lettres d'or comme une priorité internationale et nationale pour la mise au point des produits (médicaments et vaccins) en vue de son éradication comme la variole dans les prochaines années. Déjà, des partenariats de développement des produits entre différents acteurs sont également en place et le développement des médicaments et vaccins sont à différentes phases d'essais cliniques dans le processus de recherche et développement à propos de cette maladie qui n'a pas encore de traitement, ni de vaccin.

En plus, des défis importants concernent toujours les domaines de la santé maternelle et infantile au regard de taux de mortalité maternelle et infantile rapportés dans les statistiques des pays. Comment continuer à améliorer la santé maternelle à travers une amélioration des soins obstétricaux et néonatals d'urgence par le renforcement des stratégies de prévention et dépistage précoce des maladies survenant sur la grossesse demeurera certainement une des grandes priorités pour beaucoup de pays au regard des taux élevés de mortalité maternelle et de la disponibilité des infrastructures, équipements nécessaires par cible dans certaines régions du monde. Les interventions dans le cadre de la santé maternelle étant nombreuses, restent essentielles car elles partent souvent de pair avec la gamme des interventions en faveur de la réduction de la mortalité infantile. D'autres défis émergents non souvent priorisés en termes d'interventions de lutte dans les axes stratégiques des pays, sont constitués par le groupe des maladies qualifiées de « Maladies Tropicales Négligées » et à cause de leur recrudescence dans certains pays, ces groupes commencent à être priorisés par les acteurs de la santé globale. D'autres défis liés au développement des thérapies nouvelles dans la prise en charge et la gestion de ces infections et du partenariat dans le domaine de la recherche et autres aspects concernant ces maladies demeurent profondément annexés aux systèmes de santé eux-mêmes dont seules des réformes profondes peuvent permettre de faire changer les donnes. La survenue récente de la fièvre hémorragique Ebola en Afrique de l'Ouest avec pour épicentre, la Guinée a fait ébranler la communauté sanitaire internationale à cause de sa propagation rapide et de la notification de plus d'une centaine de cas et d'un taux de létalité de plus de 50%. La recrudescence de cette maladie fatale montre à suffisance que des efforts énormes doivent être mobilisés dans la promotion et dans l'éducation sanitaire dans certains pays ainsi que dans le domaine de l'assainissement et l'hygiène publique. L'OMS rapporte à cet effet dans les dernières statistiques sanitaires fournies que "malgré les efforts continus pour améliorer la surveillance des maladies infectieuses et les réponses pour les contrer, de nombreux pays sont confrontés à de grandes difficultés pour identifier, diagnostiquer et notifier correctement les maladies infectieuses en raison de l'éloignement des communautés, de l'insuffisance des infrastructures de transport et de communication et du manque de personnel de santé qualifié et d'installations de laboratoire pour garantir l'exactitude du diagnostic et qu'il est impossible de tirer des statistiques produites des conclusions sur les efforts ou sur les progrès que font les pays dans la lutte contre certaines maladies[9]".

Au-delà de ces questions institutionnelles et structurelles auxquelles restent confrontés les systèmes de santé dans les pays en développement comparativement à ceux des pays industrialisés, des différences énormes existent au sein de certaines régions ou Etats face à la situation épidémiologique de ces maladies. Des défis en termes d'inégalités de couverture par rapport aux principaux antigènes utilisés dans les programmes nationaux de vaccination et d'autres services essentiels sont observables entre les mêmes districts au sein d'un Etat ou entre les Etats d'une même zone d'endémicité. Il en est de même pour d'autres maladies prioritaires de la santé internationale à forte charge de mortalité et de morbidité telles que le VIH/Sida, le Paludisme, la Tuberculose. Des difficultés majeures dans le rythme de la gestion actuelle de ces catégories de maladies infectieuses à forte charge sur les économies de ces pays, sont notées dans certains pays à cause du relâchement des efforts en faveur du financement accordé à ces trois maladies prioritaires à travers le Fonds Mondial de lutte contre le Sida, le Paludisme et la Tuberculose. Pour contraindre à ces difficultés majeures, de nouvelles innovations dans le domaine du partenariat, de la recherche et du développement paraissent la voie la plus sûre pour permettre à des millions de patients qui n'ont pas encore accès aux différents traitements, d'en bénéficier ou d'éviter de nouvelles infections de masse dans les années à venir à travers la prévention et le développement des vaccins.

Ces points de vue semblent conforter la vision d'autres acteurs de la santé internationale et de la société civile prêts à appuyer techniquement et financièrement certains Etats pour la mise en place, non seulement des systèmes de santé viables, durables, équitables et performants en vue de faire face à toutes ces questions cruciales mais aussi d'opter pour une stratégie globale de renforcement du cadre de la réglementation sanitaire internationale pour faire fléchir les industriels et les marchés des produits médicaux sur certains avantages afin de faire converger tous les Etats vers l'atteinte du concept de la couverture sanitaire universelle ; ces sujets devant être abordés bien sûr dans un cadre impliquant tous les principaux acteurs dans le but de prendre des décisions consensuelles.

Pour terminer ce point axé sur les maladies infectieuses dont on pourrait consacrer plusieurs dizaines de paragraphes pour aborder en profondeur les grands défis auxquels la communauté sanitaire internationale se trouve actuellement confrontée et qu'elle devrait s'atteler à relever dans les années futures, étant seulement à moins de deux ans de la date buttoir des Objectifs du Millénaire pour le Développement, l'Initiative Canadienne "Grands Défis Canada" (en anglais : Grands Challenges Canada) a fait un résumé des défis et des innovations souhaitables qu'il faudra tenter de résoudre pour mieux avancer dans la lutte contre les différents groupes de maladies (défis concernant aussi bien les maladies infectieuses que les maladies non transmissibles), ces dernières étant abordées dans le paragraphe suivant.

Tableau A1 : Grands Défis en santé mondiale
Tiré de : http://www.grandchallenges.org/Pages/BrowseByGoal.aspx

Pour améliorer les vaccins destinés aux enfants Grand défi 1 : Créer des vaccins à dose unique efficaces et pouvant être administrés peu après la naissance Grand défi 2 : Produire des vaccins qui ne requièrent pas de réfrigération Grand défi 3 : Développer des systèmes de vaccination sans aiguille **Pour mettre au point de nouveaux vaccins** Grand défi 4 : Concevoir des tests fiables dans des systèmes de modélisation pour évaluer des vaccins vivants atténués Grand défi 5 : Déterminer comment concevoir des antigènes offrant une immunité protectrice et efficace Grand défi 6 : Déterminer quelles réponses immunologiques offrent une immunité protectrice **Pour lutter contre les insectes transmettant des agents pathogènes** Grand défi 7 : Élaborer une stratégie génétique pour éradiquer ou invalider une population d'insectes capables de transmettre une maladie Grand défi 8 : Élaborer une stratégie chimique pour éradiquer ou invalider une population d'insectes capables de transmettre une maladie **Pour améliorer la nutrition afin de promouvoir une meilleure santé** Grand défi 9 : Créer une gamme complète de nutriants biodisponibles intégrés à une espèce végétale de consommation courante **Pour améliorer le traitement médicamenteux des maladies infectieuses** Grand défi 10 : Découvrir des médicaments et des systèmes permettant de les administrer afin de réduire au minimum la probabilité que se développent des micro-organismes pharmacorésistants **Pour traiter des infections latentes et chroniques** Grand défi 11 : Mettre au point des thérapies permettant de guérir des infections latentes Grand défi 12 : Mettre au point des méthodes immunologiques pour traiter des infections chroniques **Pour mesurer la maladie et l'état de santé avec précision et de manière économique dans les pays pauvres** Grand défi 13 : Développer des technologies qui permettent une évaluation quantitative de l'état de santé des populations Grand défi 14 : Développer des technologies qui permettent d'évaluer des personnes pour de multiples pathologies ou pathogènes au point de traitement

Source : Traduit de Grands défis Canada[10]

II.2. Défis concernant les Maladies Non Transmissibles (MNT) et les accidents de la circulation

De nos jours, on peut affirmer sans se tromper que les grands axes de priorités de santé publique qui seront définis dans les futures années dans la majeure partie des pays du monde, se focaliseront autour de la problématique de la prise en charge et de la prévention des maladies non transmissibles (cardiovasculaires, mentales, cancers…) et des accidents de la circulation avec leurs impacts à tous les niveaux de la vie économique et sociale, au regard de leur poids croissant parmi les principales causes de maladies.

Les maladies non transmissibles sont aujourd'hui les principales causes de morbi-mortalité dans le monde et si aucune stratégie efficace n'est adoptée dans les prochaines années dans certains pays où ils pèsent beaucoup sur les systèmes de santé, elles affecteront fortement les systèmes de santé des pays ne disposant pas des moyens et ressources nécessaires pour les affronter. "L'augmentation est principalement liée aux changements de nos modes de vie : dans nos sociétés modernes, le manque d'activité physique, la mauvaise alimentation, l'abus d'alcool et le tabagisme constituent des facteurs de risque très répandus qui favorisent grandement leur apparition[11]".

Cependant, il existe des preuves évidentes que certaines politiques et stratégies dont la mise en œuvre à travers des interventions de santé publique de grande envergure et moins onéreuse, pourront réduire considérablement ces facteurs de risque, qui à leur tour peuvent avoir des effets positifs majeurs dans la réduction de la charge qui leur est imputable.

« Sur les 57 millions de décès qui se sont produits dans le monde en 2008, 36 millions, soit près des deux tiers, ont été dus aux MNT, principalement les maladies cardiovasculaires, les cancers, le diabète et les pneumopathies chroniques. La charge totale de ces maladies croît plus vite dans les pays, les populations et les communautés à faible revenu, sur lesquels elles font peser des coûts importants et évitables en termes humains, sociaux et économiques.

À l'échelle mondiale, environ un quart des décès dus aux MNT surviennent avant l'âge de 60 ans[12] ». Ce qui est encore inquiétant est l'élargissement de la base de l'intervalle de la tranche d'âge frappée par ces maladies par le fait qu'elles commencent à toucher les personnes se trouvant dans les tranches d'âge inférieur consécutives à l'adoption rapide des modes de vie nouvelles sans véritables stratégies de lutte mises en place pour limiter leurs effets dans l'occurrence de ces groupes de maladies. Cette situation est une réalité déjà connue dans les pays industrialisés depuis la seconde moitié du XX ième siècle et certains pays en développement grâce aux changements majeurs survenus ces dernières décennies et consécutifs à leur développement rapide. Ce développement rapide traîné par certains des grands moteurs de la croissance économique comme l'industrialisation accompagnée par des mutations profondes dans d'autres ayant des rapports étroits avec la santé, a entraîné l'exposition accrue des populations de ces pays à certains facteurs de risque potentiels (changements de régime alimentaire, sédentarité, tabac, facteurs environnementaux et industriels…). Ce qui fait qu'aujourd'hui, certains pays à revenu intermédiaire engagés dans ce processus dynamique de développement, se trouvent confrontés au même titre que les pays industrialisés à ce grand groupe de fléaux qu'on qualifie dans les annales de santé publique, de pandémies industrielles, qui feront certainement l'objet de plus de surveillance individuelle et collective et d'attention de la part des principaux acteurs dans les années à venir pour plusieurs raisons.

C'est dans cette optique que l'Institute of Heath Metrics and Evaluation de l'Université de Washington a souligné en 2010, dans son rapport sur la charge imputable aux maladies, qu'en partie et du fait que, beaucoup de personnes vivent longtemps et la population est en train de vieillir de façon graduelle, les principales causes de maladies ont connu des changements : le nombre de décès imputable aux MTN ayant augmenté de 30% depuis 1990 et en même temps, le taux de décès dû aux maladies transmissibles ayant diminué pendant cette période de 645,9 décès pour 100000 personnes à 520,4, qui est une preuve de progrès enregistrés dans ce domaine[13].

Ces pandémies industrielles constituant de véritables défis à relever touchent autant les hommes que les femmes au sein des grandes régions de l'Organisation Mondiale de la santé ; toutes les régions étant fortement affectées à part les régions AFRO et SEARO de l'OMS, lesquelles restent encore confrontés au double fardeau des maladies transmissibles affectant en gros la mortalité maternelle et infantile. Dans le groupe de ces maladies non transmissibles, les déséquilibres nutritionnels de différents types, les effets pervers de l'exclusion de certaines personnes de la société (entraînant des déficits mentaux et autres maladies non organiques) aggravent ce tableau sombre de défis majeurs à relever dans la période post-OMD. Par contre des régions comme AMRO, EURO et WPRO de cette même organisation n'ont de grandes priorités que la prévention et la prise en charge de ces maladies non transmissibles malgré que des infections nosocomiales contractées dans les milieux hospitaliers continuent de belle leur chemin et continuent de préoccuper les administrations de ces structures (voire fig2 ci-dessous).

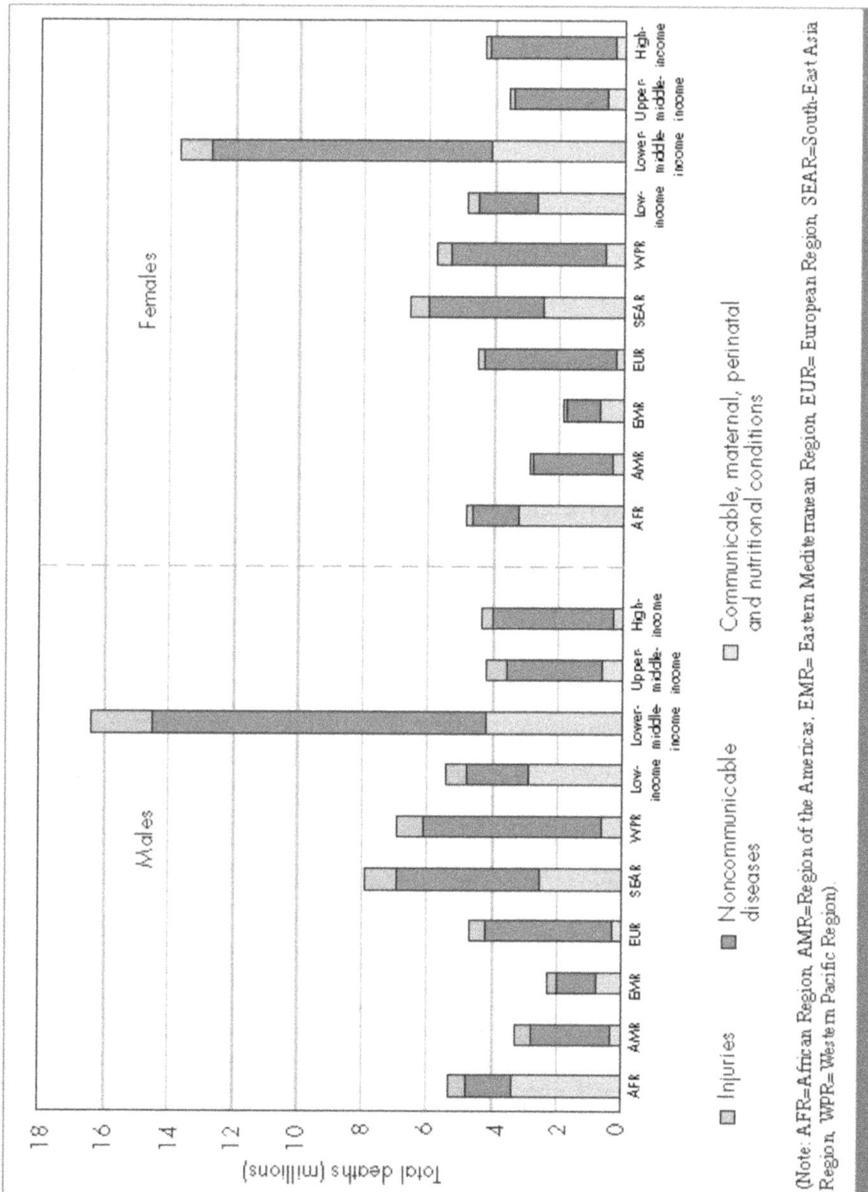

Figure 2. Nombre total de décès par grands de causes, par Région de l'OMS, par groupe de revenus de la Banque Mondiale, et par sexe, 2008 (Source : OMS, 2010[12])

Même si ces conditions sanitaires sont également connues par le monde scientifique évoluant dans le domaine de la santé publique comme les principales priorités à aborder dans les années à venir et dont il faudrait commencer à mettre en place des ébauches de structures de prise en charge au sein des Etats qui y sont confrontés dans le monde en développement, il ne faudrait pas non plus oublier qu'il faudrait renforcer à travers le développement des choix thérapeutiques innovants dans les pays développés et rechercher d'autres stratégies de prévention des facteurs de risque en plus des réformes à entreprendre pour une mobilisation efficace, efficiente et équitable des ressources financières pour pérenniser les acquis déjà obtenus dans ces pays face à ces défis. Ce qui nous amène à pointer un regard rétrospectif sur les défis techniques à aborder dans le cadre d'une meilleure coordination des efforts à déployer dans le post OMD pour une prise en charge effective de ces maladies chroniques à fortes charges sur la vie individuelle, collective voire sociétale. S'il est également évident que l'espérance de vie a augmenté dans tous les pays du monde ces derniers moments grâce aux avancées de la médecine et aux efforts coordonnés des partenaires auprès des Etats surtout dans l'amélioration de l'accès à certains services essentiels de base, cependant les conséquences liées au vieillissement de la population sur les systèmes de santé dans la majeure partie des pays confrontés à ces maladies, en constituent aussi des défis cruciaux à aborder pour la mise en place des systèmes viables, profitant des innovations pour répondre aux besoins croissants de leurs populations et dans le cadre de la couverture sanitaire universelle.

Devant la complexité de ces défis d'ordre global, les différentes implications ou conséquences liées à ces maladies peuvent être analysées à travers l'adoption de différentes perspectives méthodologiques (individuelle, collective, sociétale...) pour mieux comprendre et élucider les différentes interactions afin de proposer des solutions idoines même dans les pays développés longtemps confrontés à ce groupe de maladies. Ce qui suppose que l'apport des autres disciplines scientifiques paraît fondamental dans le cadre de l'adoption d'une approche globale pour faire face à ces défis.

Raison pour laquelle, l'action du secteur de la santé, dirigée par l'OMS, est essentielle, comme le sont des partenariats solides entre le secteur de la santé et d'autres secteurs pour s'attaquer aux déterminants sociaux, économiques, politiques, environnementaux et culturels[14].

Dans ce même ordre d'idées et pour l'atteinte du concept de la couverture sanitaire universelle, la dotation des systèmes de santé en infrastructures et équipements en plus des ressources primordiales (ressources humaines, matérielles, financières…) et autres moyens nouveaux concernant les soins de réhabilitation et de médecine palliative pour répondre non seulement à certaines préoccupations générées par ces groupes de maladies et d'autres conditions sanitaires liées aux vieillissements de la population dans différentes régions du monde à travers le développement des méthodes innovantes en médecine et la mise à grande échelle des interventions de santé publique, ne sera sans conséquences sur les systèmes de santé et devrait être abordée sous plusieurs angles pour affronter ces questions d'éthique et de morale et gérer de façon digne et dans les règles de l'art à propos de la pratique médicale.

Ce qui fait penser aujourd'hui que les défis techniques à relever dans le cadre de ces pandémies industrielles se situent à plusieurs niveaux dans l'architecture des systèmes de santé ; ils concernent presque tous les sub-systèmes dans les pays en développement à cause de l'inexistence des structures adéquates pouvant répondre à ces maladies par endroits, de la multiplicité et des interactions possibles entre les facteurs d'exposition dans la genèse de ces maladies, de leur aspect chronique et de leurs poids sur les économies des pays et sur la vie sociale des individus, familles et communautés frappées par ces maladies.

Donc, comment intégrer les mesures générales dans le cadre de la prise en charge des cas de maladies et les stratégies de la prévention de ces maladies à travers la combinaison d'interventions coût-efficaces et efficientes et capables d'être déployées à grande échelle au sein des communautés entières, constituera la véritable problématique à résoudre dans la gestion globale de ces types de maladies.

Pour appuyer ces affirmations, l'Institute of Medicine of the National Academies des États-Unis d'Amérique, a mentionné dans son rapport intitulé "Promoting Cardiovascular Health in the Developing World : A Critical Challenge to Achieve Global Health" qu'il y a des preuves évidentes que les maladies cardiovasculaires (MCV) et les facteurs de risque affectent les pauvres dans les pays et à travers les pays, à la fois comme causes et conséquences de la pauvreté et que dans la majorité des pays, ces MCV menacent fortement les pauvres, qui présentent les facteurs de risque les plus potentiels, souvent non assurés et présentant des situations financières moins confortables pour faire face aux coûts de gestion de ces maladies[15].

Dans les pays développés, les défis se concentreront aussi bien autour des innovations dans différents sub-systèmes mis en place depuis belle lurette ainsi que sur la capacité de mobilisation de ressources financières pour faire face à ces réformes, les maladies non transmissibles étant des maladies à forte charge sur le plan médical à cause de la continuité des soins pendant toute la durée de vie pour certains patients (besoins continus en termes de réhabilitation et soins palliatifs...) ainsi bien que des actions de santé publique pour réduire efficacement l'exposition à certains facteurs de risque commun aux maladies cardiovasculaires qu'aux cancers et maladies mentales.

A cause de la difficulté de disposer des données fiables permettant d'asseoir des politiques et stratégies cohérentes par endroits, des limites techniques dans la prestation des soins spécialisés par des professionnels opérant dans ces domaines et le manque de technologies adéquates pour faire face à ces MTN dans certains pays, l'OMS en étroite collaboration avec les Etats Membres, a élaboré un plan d'action destiné à prévenir la survenue de maladies non transmissibles et à aider les millions de personnes qui en sont déjà atteintes à faire face à ces affections tout au long de leur vie[16].

Les objectifs assignés de ce plan d'action, qui sont au nombre de six (6) cherchent à accorder une place de choix à ces maladies à travers le développement des politiques et stratégies efficaces et efficientes de prise en charge et de prévention, le développement du partenariat pour une meilleure coordination des actions et la promotion de l'axe de la recherche (R&D) dans le domaine.

Ces objectifs, qui ont été traduits en de grandes activités devant être exécutées au plan mondial, national et local, constituent autant défis à relever par la communauté sanitaire internationale en vue d'apporter des réponses adéquates aux problèmes cruciaux liés aux maladies non transmissibles et de mettre en place des structures nécessaires pour faire avancer les pays dans l'atteinte des objectifs de la couverture sanitaire universelle.

Aborder donc ces défis, nécessite des actions coordonnées de la part de l'agence du système des nations en charge des questions sanitaires mondiales en l'occurrence l'OMS de concert avec les ministères de santé de ses Etats membres et les différents partenaires, en termes d'élaboration de politiques majeures à suivre pour non seulement assurer la prise en charge continue des cas de maladies et la mise en œuvre d'activités de prévention à base populationnelle. Ce qui suppose que l'un des défis importants auxquels la communauté internationale attend de débattre à l'aube de la date butoir des OMD, se focalisera sur les mutations profondes à opérer dans les différents blocs des systèmes de santé afin de mieux préparer les systèmes de santé des pays faisant intrusion dans l'ère des maladies non transmissibles mais aussi juguler les efforts au-delà des frontières qui unissent les différents pays vus que ces défis transcendent les limites géographiques, administratives, stratégiques et culturelles.

II.3. Défis concernant les facteurs de risque des maladies

Les facteurs de risque des maladies ont toujours fait l'objet de discussion au sein des Etats par les politiques comme par les différentes administrations sanitaires se succédant et gouvernant les systèmes de santé en vue de réduire certains des grands fossés ou des lacunes qui existeraient entre les différentes couches sociales composant la population dans l'accès (accessibilité géographique et financière) aux services de santé devant avoir comme caractéristiques : des services aux coûts abordables grâce à la combinaison des mécanismes mis en place pour garantir cet aspect et de meilleure qualité en se saisissant des différentes opportunités en termes d'innovations dans différentes disciplines médicales et connexes.

Or, il est clair pour les principaux acteurs que malgré des efforts fournis par endroits, les systèmes de santé restent et demeurent caractérisés par de fortes distensions en termes de performance locale entre les États du monde ; l'évolution des systèmes étant fonction du niveau de développement et entre les différentes composantes au sein des Etats à cause des inégalités socio-économiques favorisant l'exposition des groupes les plus défavorisés à certains facteurs de risque bien avant le stade de développement de la petite enfance et qui (facteurs) continuent à affecter ces populations jusqu'à l'âge adulte.

Depuis, les travaux de Dahlgren et al en 1991 et d'autres experts évoluant dans ce domaine ont permis d'éclaircir l'évolution des idées au regard du cadre d'analyse des déterminants de la santé malgré que des nuances continuent toujours de persister quant aux effets de certains facteurs et les résultats probants de certaines interactions qui exigent entre ces facteurs dans la genèse ou l'occurrence des maladies ; les connaissances nouvelles étant générées au fur et à mesure grâce aux avancées dans le domaine des sciences médicales, des disciplines connexes et des résultats de partenariat avec d'autres disciplines fondamentales comme la physique, la chimie, la sociologie, l'anthropologie, les nouvelles technologies de l'information et de la communication... Une des raisons de plus qui doit pousser au choix d'une approche plus large dans la mise en place et dans la résolution des grands défis qui assaillent le secteur de la santé et plus particulièrement le domaine complexe des déterminants de la santé.

Au regard de la multiplicité de ces déterminants et de la complexité à les résoudre au sein des systèmes de santé par les politiques pour des raisons économiques, sociales, culturelles et dépendant du niveau d'avancement dans la production des connaissances scientifiques (niveau de preuves évidentes) aussi bien à travers des études quantitatives que celles qualitatives, l'OMS a regroupé les déterminants de la santé autour de trois (3) grands groupes majeurs dont les déterminants du cadre socio-économique ; les déterminants du cadre physique et les caractéristiques des personnes et leurs comportements[17].

A propos de ces grands groupes de déterminants, nul n'ignore que des preuves évidentes ont commencé à être générées depuis les premières heures des travaux scientifiques en épidémiologie avant même le XV ième siècle et continuent de l'être à travers des études fondamentales dans les laboratoires de santé publique ainsi qu'à travers des essais cliniques randomisés ou non, des études d'observations quantitatives analytiques (cohorte, cas-témoins) et descriptives (transversales, écologiques, rapports de cas et observation d'un cas) sur des individus sélectionnés et représentatifs de la population générale ; l'accent mis sur la production d'autres preuves tirées d'études socio-anthropologiques en forte croissance pour mieux élucider les habitudes, attitudes pratiques et comportements des individus au sein des différentes communautés constituant notre société et pour réduire les inégalités socio-économiques.

La diversité et la complexité des facteurs de risque des maladies sont décrites de façon plus détaillée et explicite dans les annales d'épidémiologie classique et ne feront pas l'objet de développement dans ce document. Au contraire, ce travail ne s'attellera qu'à identifier les grands défis concernant les principaux facteurs de risque des différents groupes de maladies (transmissibles, non transmissibles, accidents de la circulation…) face auxquels l'OMS devrait renforcer son rôle dans la coordination des efforts des différents acteurs dans le cadre de la lutte et de la prévention des maladies afin de réduire de façon graduelle leurs effets sur la santé des populations dans la période post-OMD. L'atteinte des objectifs de couverture sanitaire universelle exige que ce domaine mérite tant d'attentions à travers l'adoption de politiques publiques de santé et des interventions de santé publique efficaces et efficientes vu les possibilités très limitées de mobilisation de plus de ressources financières pour affronter cette chaîne de défis ; les politiques publiques de santé, de masse ou à base de la population devront être un des grands axes forts dans la réduction de ces facteurs à travers les activités de promotion et d'éducation sanitaire des populations.

C'est dans cette logique de complexité d'aborder ce large spectre de déterminants que, l'Agence de Santé Publique du Canada se penche sur une démarche axée sur la santé de la population ; "les efforts visant à influer sur les interactions complexes des déterminants de la santé exigent de :

- mettre l'accent sur les causes premières d'un problème, de même que sur des faits qui appuieront les stratégies d'intervention ;
- tenter de prévenir les problèmes ;
- améliorer l'état de santé global de la société entière, en ne négligeant cependant pas les besoins et les faiblesses propres à certaines sous-populations ;
- rechercher les partenariats et la coopération intersectorielle ;
- trouver des solutions souples et à multiples facettes, dans la mesure où les problèmes à résoudre sont complexes ;
- favoriser l'engagement des citoyens et la participation des collectivités[18]".

Si de telle démarche peut constituer une des principales voies à choisir parmi tant d'autres qui pourront être proposées par les acteurs de la santé globale, une idée claire des défis à relever, leur hiérarchisation, la définition des politiques et stratégies cohérentes pour les aborder et la responsabilisation des différents intervenants dans la chaîne d'actions et d'interventions dans un environnement multisectoriel, constitue l'étape préalable la plus importante pour permettre l'intégration des différentes voies (options politiques) à suivre par la communauté sanitaire internationale.

De façon globale, l'on peut mentionner des progrès notoires à travers le monde par rapport à la forte diminution des facteurs de risque impliqués dans la genèse des maladies infectieuses, avancées positives attribuables en plus des implications du secteur de la santé, au développement dans le domaine de l'agriculture (mécanisation et extension des terres agricoles pour réduire l'impact de la famine), l'urbanisation (avec une forte diminution des maladies hydriques par endroits et de la recrudescence de certaines épidémies…), des infrastructures (pour faciliter les mouvements de masse des populations et de leurs biens y compris les produits sanitaires dont les médicaments, vaccins et autres) et d'accès aux services sociaux de base et d'autres secteurs comme l'éducation. Certes, il est à reconnaître que des défis importants demeurent encore au regard de l'augmentation croissante des cas de certaines maladies dont les facteurs sont connus et peuvent être évités à travers l'amélioration des conditions dans les domaines suscités surtout dans les États à la traîne, qui doivent être appuyés à travers le développement des modèles de partenariats pour permettre leur convergence vers les autres ayant déjà obtenus certains de ces acquis depuis longtemps.

Si l'on mentionne également une forte diminution des cas de décès à travers le monde comparativement aux décennies passées à cause des actions salvatrices menées contre les principales causes de la mortalité infantile (maladies transmissibles) dans ces pays à la traîne dont la majorité se situe en Afrique, Asie du Sud Est et Amérique Latine, le développement en cours des réponses immunologiques dans le cadre d'une immunité efficace contre les agents infectieux (initiatives de développement des vaccins en cours contre le VIH/Sida, le paludisme, l'encéphalite Japonaise en plus des innovations en termes de combinaisons d'antigènes comme le pentavalent par exemple) et la continuité des efforts dans la mise en place d'un cadre de vie sain n'en constituent pas de moindres préoccupations à relever dans le vaste domaine de la santé globale. Aborder ce dernier point va de pair avec les défis concernant le changement de comportements des populations face à certaines attitudes et pratiques nutritionnelles et des règles d'hygiène de base à travers la mise en place des actions de santé publique (intensification des actions de promotion et éducation sanitaire).

Par contre, l'Institute of Heath Metrics and Evaluation de l'Université de Washington mentionne à ce propos dans son rapport « Global Burden of Diseases » produit en 2010, que " comme la plupart des facteurs de risque pour les maladies transmissibles chez les enfants ont décliné, plusieurs facteurs associés aux maladies transmissibles avaient augmenté[13]". Des statistiques sanitaires fournies à l'échelle mondiale viennent confirmer cette hypothèse. Par exemple, "les années de vie corrigées d'Invalidité (AVCI) dues à la pression artérielle a augmenté de près de 30% entre 1990 et 2010. La pression artérielle est le facteur majeur pour les maladies cardiovasculaires et circulatoires. Les AVCI attribuables à un autre facteur de risque pour les maladies non transmissibles, l'usage du tabac a augmenté légèrement de 3% entre 1990 et 2010. L'usage du tabac accroît le risque pour les maladies respiratoires chroniques, les maladies cardiovasculaires et circulatoires, et les cancers. Les AVCI attribuables à une autre substance, l'usage de l'alcool, a augmenté de 32% durant cette période. L'usage d'alcool contribue aux maladies cardiovasculaires

(MCV) et circulatoires, à la cirrhose et aux cancers. En plus de contribuer aux maladies cardiovasculaires, l'alcool augmente le risque d'occurrence des accidents[13]".

En général, les facteurs de risque en faveur des maladies transmissibles occupent le devant de la scène aujourd'hui en matière d'exposition à cause de l'engagement de la plupart des États dans un processus de développement rapide et concurrentiel ces derniers temps et à cause des négligences quant au respect des réglementations internationales dans le domaine de l'environnement (facteurs environnementaux étant en tête des priorités-voire fig3 ci-dessous).

Ceci montre à suffisance que combien de fois, ces facteurs de risque des maladies devront attirer l'attention des acteurs impliqués dans la mise en œuvre des programmes publics de santé et de santé publique afin de les réduire de façon significative durant les années qui vont suivre l'adoption du nouvel agenda de la couverture sanitaire universelle dans la période post-OMD.

A propos des principaux facteurs de risques, les défis liés aux changements de mode vie en société par rapport à l'usage de ces substances nocives concernant autant la prévention de ces MCV que celle de la santé mentale et de certains cancers ne devront pas être négligés au même titre que les effets probables des facteurs de risques environnementaux et de ceux d'origine industrielle telles que : la qualité de l'air, les moisissures, les aldéhydes, le grand froid, la canicule, la pollution sonore, les phtalates, les résidus médicamenteux, la téléphonie mobile, les métaux lourds, les contaminants organiques, des produits alimentaires...

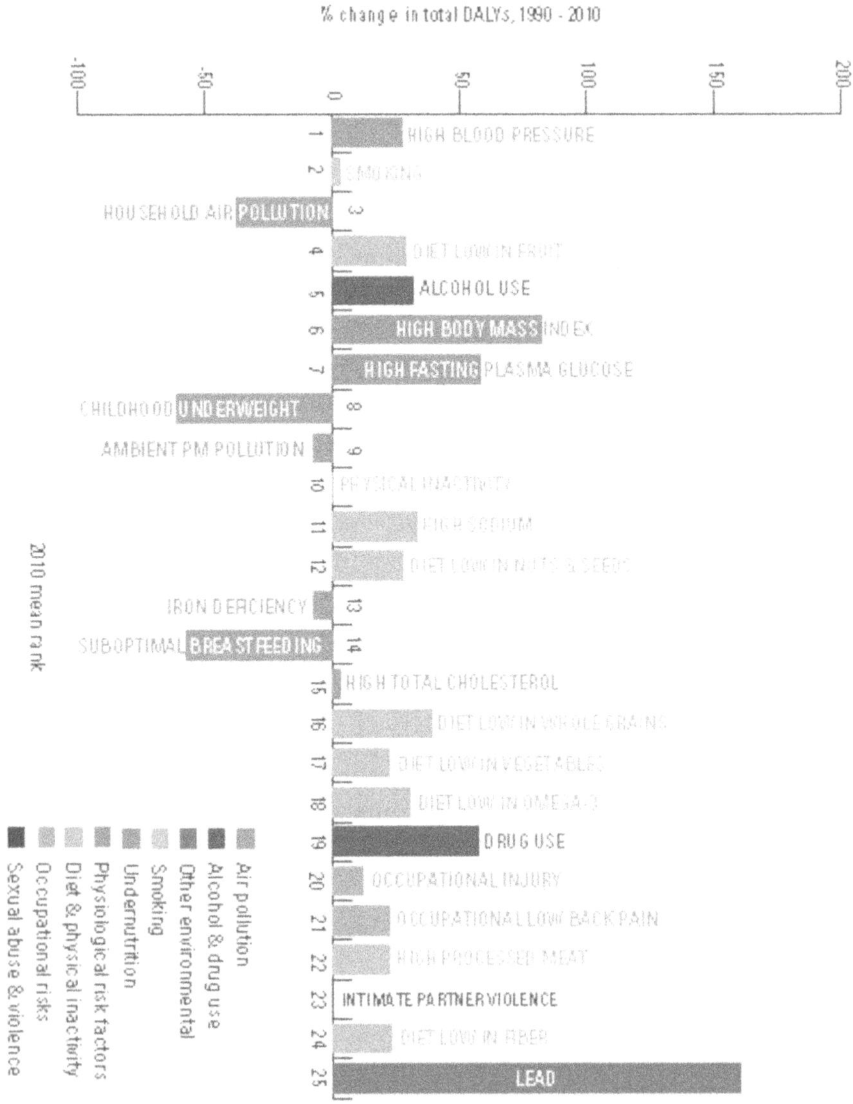

Fig 3 : Classification globale des Années de Vie corrigées d'Invalidité (AVCI) pour les 25 facteurs de risques les plus importants, 1990-2010 (source : Emprunté de IHME, 2013[13])

Ces derniers points concernent en grande partie, les États industrialisés et le groupe des émergents du fait qu'ils tous engagés dans un processus de développement plus avancé que les autres mais à des niveaux d'expositions différentes au regard de l'exigence de certaines sociétés au strict respect des réglementations pour la sauvegarde de l'environnement (comme il est le cas pour les pays scandinaves du Nord comme la Suède, la Norvège, le Danemark... ainsi que pour le Canada en Amérique du Nord ou de la a Nouvelle-Zélande dans le pacifique) et face à l'émission des gaz à effet de serre (GES) et d'autres déchets industriels de diverses natures ; ces défis importants aussi bien en santé globale que pour d'autres domaines de la vie socio-économique restant des questions compliquées à résoudre à différents niveaux à l'échelle mondiale.

Pour conclure cette partie axée sur des sujets d'importance capitale, pour les décideurs malgré leurs divergences à trouver des consensus en termes de vision et d'approches pour les aborder, il faut admettre que notre monde se trouve confronté aujourd'hui à de nombreux défis au regard de la diversité de ces facteurs de risque auxquels les différentes communautés se trouvent exposées dans leurs habitats ; de la complexité de l'analyse des mécanismes à travers lesquels ils agissent sur les vivants et ainsi que les différentes interactions entre eux et les tissus vivants dans la genèse des maladies. Autant de défis qui doivent amener les politiques et les acteurs de la santé globale à une conjugaison des efforts et à une synergie d'actions dans le cadre de l'adoption des politiques globales de prévention et lutte contre certaines maladies. Aborder ces facteurs de risque exige de mettre donc un accent particulier sur le domaine de la santé publique, la promotion de la santé, le changement de comportement et la prévention des maladies, qui sont actuellement sous financés dans la plupart des politiques nationales de santé et allocations d'aide au développement accordées à la santé[19].

II.4. Défis concernant l'offre, la qualité et l'accessibilité aux services de santé

Une des composantes clés des systèmes de santé qui retiennent souvent l'attention des administrateurs comme des administrés est souvent constituée d'un côté par la gamme et la qualité des services offerts par les prestataires et de l'autre, la réaction des populations couvertes par cette offre (autrement dit la demande des services). Ces différentes caractéristiques permettent de mesurer la performance des systèmes de santé quant à leur efficacité à répondre effectivement aux besoins des populations dans la prestation des soins de meilleure qualité. Les indicateurs de couverture par les services de santé permettent de savoir dans quelle mesure les interventions sanitaires importantes bénéficient effectivement aux personnes qui en ont besoin[9] et ces indicateurs sont aussi nombreux que variés allant de l'observation de simples gestes mais importants des prestataires à la satisfaction des patients, communautés et populations bénéficiaires.

Pour la mesure de ces différentes caractéristiques des systèmes de santé, des indicateurs à la fois subjectifs qu'objectifs sont souvent collectés au regard du contenu du plateau technique des services fournis (actes mineurs, actes majeurs, services de base, services spécialisés), leur organisation au sein des services et leur dispensation suivant des normes et standards nationaux ou internationaux définis au préalables à travers les protocoles de prise en charge et des guides de traitement thérapeutique du côté de l'offre. La durée d'attente pour bénéficier des différents services et l'attitude des prestataires envers les patients et communautés bénéficiaires depuis le point d'entrée à leurs sorties des dernières structures des systèmes de santé constituent aujourd'hui des sujets brûlants entre les prestataires et les bénéficiaires dont il faut avoir le courage de dénoncer par endroits où ils commencent à constituer des obstacles importants pour l'offre des soins de meilleure qualité ; la compréhension de l'état psychologique des patients et le soutien psycho-social apporté constituant des gages importants pour leur soulagement et la réussite des traitements sous lesquels ils sont soumis ; et des défis importants restent à relever dans ces domaines.

En plus, de ces questions techniques relatives à l'offre dont une approche peut être adoptée pour l'évaluer soit de façon subjective ou objective, la qualité des services de différents niveaux offerts aux patients, communautés et aux populations, renseignée à travers des enquêtes de couverture au sein de la population (plus objective et plausible en termes de représentativité de la population couverture et pour éviter des biais de sélection des répondants), de satisfaction des patients dans les structures hospitalières et autres est aussi un élément important à relever en termes de défis dans la prestation des soins de meilleure qualité. Ceci semble dire donc qu'"il n'est généralement pas possible de mesurer tous les aspects de la couverture des services même dans les pays à haut revenu, mais on peut définir un ensemble de problèmes de santé pouvant servir de « traceurs », auxquels on associe des indicateurs et des cibles pour les interventions, afin de suivre les progrès en direction de la couverture universelle[20]. Dans une approche plus pragmatique, l'on pourra par exemple s'intéresser aux soins de premier niveau axés sur la santé maternelle et infantile ou s'intéresser soit aux différentes caractéristiques des services d'urgence offerts aux patients, soit des soins spécialisés comme la chirurgie, cardiologie....afin de répertorier en détail les différentes lacunes existantes.

Les défis concernant toutes ces questions techniques diffèrent par endroits à cause du niveau d'avancement de la gamme et des priorités de services essentiels de base qui sont offerts et en fonction d'autres aspects liés à la situation épidémiologique des pays ainsi que les progrès relatifs aux systèmes d'information sanitaire mis en place pour renseigner sur les différents éléments entrant en ligne de compte dans la qualification des systèmes de santé (normes et standards des infrastructures, des équipements et appareillages nécessaires pour soutenir les praticiens dans leur prise de décision et souvent utiliser pour des raisons de comparaison internationale). Il en de même que pour le rythme et la fréquence d'utilisation des équipements et matériaux par les cibles prioritaires.

Il est évident que des fortes inégalités existent entre les nations développées, ceux en développement et le groupe en la traîne par rapport à toutes ces questions techniques soulevées dont certains des facteurs explicatifs se trouvant en dehors du sub-secteur de la prestation des services ne dépendent pas des prestataires mais plutôt du niveau faible de performance des systèmes de santé pris de façon globale.

Du côté de l'offre, s'il reste souvent difficile de porter un regard critique par rapport à ce point du fait de la difficulté de définir le type exact de produits fournis par les systèmes de santé (États de santé), l'offre est souvent analysée au travers d'autres éléments comme les différents actes effectués par les prestataires, de différents outils et techniques mis à jeu à travers leur usage ainsi que la dispensation des produits médicaux et d'autres aspects relatifs aux professionnels mobilisés pour les exécuter. A ces niveaux, des besoins énormes de services essentiels non encore satisfaits (visites médicales avec usage des équipements nécessaires, consultations pré et postnatals, les caractéristiques des soins obstétricaux d'urgence, de l'accouchement et de la petite enfance, les différentes formes de complétude du calendrier vaccinal en termes de nombre de vaccins à administrer et de la période indiquée, les composantes de prise en charge des infections néonatales....) constituent autant des défis que l'offre des soins spécialisés dans les différentes spécialités médicales et chirurgicales. La densité concernant les lits d'hôpitaux, des technologies et appareils médicaux (unités de radiothérapie et de tomodensitométrie) ainsi que celle d'autres infrastructures (des pharmacies, officines etc.) font partie des problèmes cruciaux à résoudre dans les pays à revenu faibles et intermédiaires.

Par rapport à la deuxième composante de la prestation des soins, la qualité, appréhendée à travers la revue par des paires des prestataires des normes, standards, procédures et techniques appliqués lors de la prestation des services et de façon subjective par les avis recueillis auprès des populations bénéficiaires, ne fait pas l'unanimité entre ces deux groupes. Une autre problématique importante est comment juguler des maladies transmissibles à charge grandissante du fait de leur chronicité et l'utilisation fréquente des services de santé même dans les pays ayant des systèmes solides de mutualisation des risques ; la qualité des soins restant vraiment à désirer pour les patients affectés par ces groupes de maladies dans les pays à revenu faible du fait de l'absence de véritables structures de prise en charge et de réhabilitation des patients et à cause de la faible capacité d'accueil des ébauches de services ou de structures mises en place dans ce domaine. La continuité dans la prise en charge de ces groupes dont les états sanitaires ont des impacts forts sur la vie individuelle, collective et sociétale ne peut être singulièrement rattachée aux compétences des professionnels et à leurs motivations car elles exigent des équipements pour la réhabilitation continue des patients de façon légitime et dans les règles de la pratique médicale, tout un défis pour tous les acteurs de la santé globale.

Ce sont autant de questions techniques, qui poussent les analystes à aborder l'offre en prenant en compte certains éléments facilement mesurables comme le nombre de consultations par médecins, l'évolution de l'usage des différentes technologies rapporté à un groupe cible, la durée moyenne du séjour hospitalier, le nombre d'actes médicaux ou chirurgicaux effectués par cible, le nombre de consultations prénatales, la couverture vaccinale par cible, la disponibilité des médicaments (essentiels, spécialités) etc.…

L'analyse d'autres paramètres importants entrant en compte en plus de ceux énumérés déjà permet d'avoir une idée de l'offre de services d'un système de santé en vue de permettre les comparaisons internationales entre les différents systèmes de santé.

De ce point de vue de la compréhension de l'offre des services de santé et de sa qualité, il est à retenir que les systèmes de santé restent confrontés à certains défis dont les principaux concernent la façon de comment réduire les fortes inégalités existant entre eux dans la prestation de ces différents services et l'accès des différents groupes de populations au sein des États. Pour appuyer ces arguments dans les pays développés, l'Organisation de la Coopération et de Développement Économique (OCDE) mentionne que "depuis 2000, le nombre moyen de consultations de médecins par personne a augmenté dans de nombreux pays de l'OCDE mais qu'il existe des disparités entre les pays dans la couverture des différents types de consultations, notamment la prise en compte des consultations dans les services de consultations externes des hôpitaux[3] ; les différences étant liées à la fois à l'état général de la population de ces pays pris individuellement et aux caractéristiques des systèmes de santé affectant l'offre des services.

En plus, il est clair qu'au sein de ce groupe constitué des plus grandes économies du monde, donc des pays très avancés dans le domaine des technologies médicales, des différences existent également entre eux quant à l'utilisation de ces technologiques pour faute de lignes directives ou références internationales, une chose qui va falloir normaliser dans le cadre de la couverture sanitaire universelle pour des besoins de comparaison internationale ou d'établissements de normes et standards. Il est de même pour d'autres indicateurs (durée moyenne de séjour dans les hôpitaux, usage des technologies médicales...) dont des disparités entre les pays ne sont pas forcément liées à la capacité technique des professionnels exerçant dans ces pays. Ces disparités dans l'offre des services ne trouvent pas parfois leur origine liée à la qualité des services offerts par des professionnels dans ces pays mais certainement à cause d'autres déterminants non médicaux de la santé qui jouent un rôle important dans la régulation de l'offre et de la demande. Les écarts importants qui caractérisent les taux d'utilisation des diagnostics et procédures chirurgicales ne peuvent s'expliquer par des besoins médicaux différents[3]. Un autre constat est que certaines maladies non transmissibles (maladies psychiatriques) commencent à occuper une place importante en termes de durée de séjour dans les hôpitaux poussant à réfléchir s'il faudrait privilégier les interventions de prévention en lieu et place des choix thérapeutiques lourds et longs de prise en charge de ces maladies afin de limiter leur part grandissante dans l'occupation des services hospitaliers en termes de durée moyenne de séjour d'hospitalisation et de dispensation des produits médicaux, des facteurs qui affectent eux aussi la qualité des services.

Dans la recherche des solutions possibles, des recherches ont démontré que les initiatives qui favorisent un mode de vie sain sous toutes ses formes réduisent la demande de soins de santé et de services de soutien et permettent d'éviter certains coûts ou de se tourner vers des services moins coûteux[21].

Mais en réalité, les grandes priorités se situent du côté de l'offre et de la qualité des services au niveau des pays en développement. A la différence des pays développés où les services offerts continuent d'être améliorés de façon continue grâce aux avancées rapides de la médecine, les pays en développement font face à de fortes inégalités ou des besoins insatisfaits tant au regard de la gamme de services qui sont offerts aux populations qu'à leur qualité. Les services offerts sont en gros axés sur les soins de santé primaires (soins dispensés aux femmes pendant la grossesse et l'accouchement, les services de santé génésique, les vaccinations contre les maladies infantiles courantes, la supplémentation en vitamine A chez l'enfant, ainsi que le traitement des maladies infantiles courantes et des maladies infectieuses de l'adulte[9] ; les maladies transmissibles prenant de plus en plus des proportions inquiétantes chez ces derniers.

Ce qui fait que depuis un certain temps, le troisième niveau de la pyramide sanitaire dans ces pays a commencé sa profonde mutation à cause de la charge grandissante des maladies non transmissibles et des accidents de la circulation qui demandent des actes médico-chirurgicaux majeurs et spécialisés et des équipements avancés dans les structures dédiées à cet effet. De telles structures pour faire face aux maladies non transmissibles commencent à bourgeonner dans des grandes villes et agglomérations où les patients peuvent y accéder mais quasi absentes dans les milieux ruraux et affectant fortement le niveau des soins fournis. Des défis concernent aussi le développement des modèles contractuels dans l'offre des services dans les pays en développement où la production des services reste le plus souvent confinée aux structures publiques étatiques alors que tous les services produits par les hôpitaux et centres hospitaliers spécialisés peuvent faire l'objet de contractualisation, de type public-public, public-privé ou privé-privé pourvu que l'État veille à l'application stricte de la politique nationale et des normes internationales adoptées.

Le constat est que de grands défis restent encore à relever dans l'offre des soins de santé de meilleure qualité par rapport à ces deux groupes de maladies dans les pays en développement plaçant la majorité maintenant confrontée à un double fardeau du fait que certains demeurant toujours à la traîne dans la gestion des maladies transmissibles, sont également confrontés au fardeau croissant des maladies non transmissibles sans des structures de prise en charge adéquates.

Au regard des fortes inégalités signalées dans l'accès aux services de santé par endroits, des efforts supplémentaires sont nécessaires non seulement pour qualifier davantage les systèmes de santé à travers l'amélioration du contenu des plateaux techniques de services offerts mais pour aussi renforcer les systèmes d'information sanitaire capables de fournir des informations fiables et à temps sur les niveaux atteints en termes de couverture de la population ; la couverture de la population des services de santé constituant d'ailleurs, une des principales dimensions de la couverture sanitaire universelle.

II.5. Défis concernant les questions de ressources humaines en santé

Les ressources humaines qualifiées, motivées, capables de développer des politiques et stratégies cohérentes de santé publique, de faire des choix politiques difficiles et justifiés en se basant sur des preuves évidentes à propos de la panoplie d'interventions prioritaires à fournir aux populations, sont aussi importantes que les autres blocs des systèmes de santé pour l'atteinte des objectifs de ces politiques. Œuvrant au cœur du système, le personnel est l'élément moteur de tout progrès en matière de santé[22]. Cette question, bien que justifiée et fondée, va au-delà des seules compétences techniques des professionnels de la santé dans différents pays et nécessite l'implication des politiques au plus haut niveau de la sphère administrative pour orienter l'application des politiques de développement des ressources humaines avec leurs corollaires ainsi bien que d'autres départements comme ceux de l'éducation et de la recherche scientifique à travers l'enseignement des théories fondamentales et le développement des techniques nouvelles et leur apprentissage aux professionnels dans le cadre de la formation initiale et continue (qualification, perfectionnement); la formation et la qualification des professionnels de la santé étant un processus à long terme dont la demande actuelle excède celle de l'offre à l'échelle mondiale pour plusieurs raisons. Ceci dénote également la nécessité que ces questions techniques soient analysées de façon pragmatique afin de rassembler les défis majeurs auxquels les systèmes de santé restent confrontés. Cette complexité des défis à relever a été mentionnée lors de la récente conférence de l'Association of Academic Health Centers International (AAHCI) tenue à Doha au Qatar en Mai 2013 où les majeurs défis identifiés étaient : la formation des professionnels qualifiés et flexibles capables de s'adapter rapidement aux changements de l'environnement des soins de santé ; renforcement des capacités et possibilités à travers le recrutement, la rétention, l'éducation et le partenariat ; l'appui à la recherche locale par les partenariats internationaux ; et la conduite de la performance clinique améliorée à travers la qualité et la sécurité[23].

S'il existe dans la quasi-totalité des États du monde, des politiques de développement des ressources humaines dans le domaine de la santé avec des originalités particulières liées au contexte local ou régional et fonction des avancées des sciences médicales et paramédicales et mises en place par les experts des pays ou ayant bénéficié de l'appui des partenaires techniques et financiers impliqués dans le domaine, on dénombre d'énormes difficultés existant par endroits quant à l'application stricte de ces politiques pour des raisons diverses faisant qu'aujourd'hui que certains systèmes de santé restent confrontés aux défis de plusieurs ordres.

Pour preuves, " l'Organisation Mondiale de la Santé (OMS) estime qu'il y a une insuffisance globale de plus de 2 millions de médecins, infirmiers et de sages-femmes pour atteindre la densité minimale. Cette insuffisance des ressources humaines dans le domaine de la santé a un impact sur les résultats sanitaires aggravant la situation d'insuffisance locale à travers la migration des professionnels de la santé des pays à revenus faible et intermédiaire[24]". La densité minimale des professionnels par cibles malgré que déficitaire cache d'ailleurs de grands écarts en termes d'inégalités dans beaucoup de pays se trouvant encore en dessous du seuil critique de 23 professionnels de santé (médecins, infirmiers et de sages-femmes) pour 10,000 habitants fixés par l'organisation sans lequel il est très improbable que l'on puisse atteindre une couverture importante pour les interventions essentielles, notamment celles qui sont nécessaires à la réalisation des objectifs du Millénaire pour le développement dans le domaine de la santé (OMD) et de la couverture sanitaire universelle à partir de la date butoir pour ces OMD. Les 57 pays qui se trouvent en dessous de ce seuil et qui n'atteignent pas le niveau de couverture de 80 % sont considérés comme ayant une pénurie aiguë de personnel. Trente-six d'entre eux sont situés en Afrique subsaharienne comme l'indique ce tableau ci-dessous emprunté du rapport de l'Organisation Mondiale de la Santé sur la santé dans le monde produit en 2006 [22].

Tableau A2 : Situation des Ressources Humaines en Santé dans les Régions de l'OMS

Région OMS	Nombre de pays		Dans les pays connaissant une pénurie	
	Total	Avec pénurie	Effectif total	Pénurie estimée
Afrique	46	36	590 198	817 992
Amériques	35	5	93 603	37 886
Asie du Sud-Est	11	6	2332 054	1 164 001
Europe	52	0	SO	SO
Méditerranée Orientale	21	7	312 613	306 031
Pacifique Occidental	27	3	27 260	32 560
Ensemble du monde	192	57	3 355728	2 358 470

SO : sans objet **Source** : OMS, 2006[22].

Il ressort de ce tableau que d'importantes pénuries aiguës de ressources humaines constituent une des principales caractéristiques observables dans certaines régions de l'OMS comme en Afrique (avec un besoin d'augmentation nécessaire estimée à 139% par rapport à l'effectif qui était disponible en 2006 suivis respectivement par les régions du Pacifique Occidental, de la Méditerranée Orientale, de l'Asie du Sud-Est et des Amériques. Cette question de pénurie concerne peu l'Europe malgré qu'elle reste confrontée à d'autres aspects de la politique de développement des ressources humaines. Les mutations politiques survenues dans certaines des régions suscitées durant la dernière décennie ont certainement aggravé cette situation de pénurie à cause de la migration massive des populations et également des professionnels de santé vers d'autres horizons laissant derrière eux des populations cibles dans des déserts sanitaires.

Ce qui doit faire des politiques internationales ou régionales de développement des ressources humaines, un des piliers fondamental de la conduite des systèmes de santé vers l'atteinte des objectifs de la stratégie globale adoptée à cet effet ; en réalité, les systèmes de santé de tous les États du monde sont encore loin pour l'atteindre de ces objectifs comme le montre d'ailleurs le rapport 2011 de "Global Health Force" dans certains des États les plus avancés dans la prestation des services de santé et qui se trouvent aussi confrontés à cette crise des ressources humaines en santé. Ce rapport indique que "les États membres de l'Union Européenne devraient entièrement financer le renforcement des systèmes de santé, assurant que 25% de toutes les aides au développement à la santé est accordée aux stratégies de développement des ressources humaines en santé et à l'atteinte d'un objectif de 3,5 millions de nouveaux professionnels d'ici 2015. La réalité de la situation est toute différente surtout pour des régions économiquement défavorisées comparées aux autres comme pour les quintiles les plus pauvres également comparés aux autres. Ce qui pousse à affirmer, qu'"il existe un marché mondial des professionnels de la santé mais il s'agit d'un marché faussé, façonné par les inégalités mondiales en matière de prestations des soins de santé et la capacité de les payer, que par les besoins et la charge des maladies[25]".

Ces différences actuelles qui existent entre les États et au sein d'un même État en termes d'inégalités de répartition des ressources humaines qualifiées entre les différentes zones géographiques sont aggravées par les déséquilibres en matière de compétences techniques et professionnelles souvent évaluées à travers les ratios entre les différents groupes professionnels, l'adaptation et la maîtrise des technologies nouvelles à travers les programmes de perfectionnement, les sciences médicales étant des disciplines dynamiques surtout dans les pays développés et ceux avancés dans le groupe en développement. L'évolution actuelle du contexte de développement global couplée à l'importance accordée par les politiques aux différentes préoccupations sociales des populations surtout le domaine de la santé, font qu'ils accordent plus d'attention aux questions de ressources humaines et leur répartition de façon équitable au sein des pays ; certes des défis énormes restent encore à relever par rapport à ces questions d'équité et de justice sociale. D'autres défis et questions récurrentes sont souvent liés à la faible capacité des institutions de formation de certains pays et aux chevauchements entre les effectifs et les besoins réels des populations à couvrir en termes de formation, de perfectionnement et d'assouplissement des règles de leur participation dans l'offre des soins ou de la mise en place des programmes de santé publique.

"Dans bien des pays, on dénombre des professionnels peu nombreux mais coûteux dont les compétences ne sont guère adaptées aux besoins sanitaires locaux. Dans le domaine de la santé publique et aussi pour l'élaboration et la gestion des politiques sanitaires, on manque souvent cruellement de personnel qualifié. Pour beaucoup d'agents, le milieu de travail est décourageant – salaires de misère, soutien insuffisant de la part de l'encadrement, défaut de reconnaissance sociale et faibles perspectives de carrière. Presque tous les pays souffrent d'une mauvaise répartition du personnel caractérisée par une concentration dans les villes et un déficit dans les campagnes, mais c'est sans doute lorsqu'on les replace dans une perspective régionale que ces déséquilibres sont les plus inquiétants[22]".

Raison pour laquelle une fois encore de plus, ces questions dépassent le cadre des seules compétences des professionnels de santé et des administrations des systèmes de santé et elles ont besoin d'être abordées dans un environnement multi-sectoriel concerté pour limiter les conséquences néfastes qu'elles engendrent par rapport à la détérioration des performances des systèmes en termes de diminution de l'offre des services dans les zones désertes et la diminution de la qualité des services offerts. Un autre aspect est la surcharge engendrée chez les autres professionnels, facteur affectant également la qualité des services même avec la mise en place des mécanismes d'incitations à la performance. C'est autant dire aussi que les défis restent énormes au regard de ce bloc constructif des systèmes de santé à travers le monde et concernent toutes les régions du monde avec des insuffisances notoires pour certains comme démontré par l'OMS et à cause d'autres enjeux liés à d'autres sub-systèmes dont les professionnels ne peuvent résoudre de façon efficace et efficiente aux bénéfices de la population globale.

Comme le révèle, le rapport 2011 de "Global Health Force" dans certains États de l'Union Européenne qui sont en avance d'ailleurs sur les autres régions par rapport aux différents ratios de professionnels rapportés à la population cible, rapport dans lequel il est mentionné que "les profiles des cinq pays ayant fait l'objet de cette étude partagent des défis et des barrières pour permettre d'appuyer de façon efficiente le renforcement de la force productive globale en santé dans l'optique d'atteindre les OMD[25]".

Ces déséquilibres ont poussé certains pays à mettre en place des politiques dirigistes mais aussi incitatives de réglementation et de la gestion des ressources humaines à la fois à la rentrée et à la sortie des institutions de formation et des structures de dispensation de soins. Ces politiques régulant les entrées et de sorties des professionnels de santé dans certains pays ont donné des résultats probants dans la résolution des défis concernant les questions de ressources humaines en santé malgré que d'énormes difficultés demeurent quant à leur application et leur financement adéquat par endroits nécessitant parfois des réformes structurelles importantes à propos de tout le système.

En plus des questions structurelles et institutionnelles relatives à la situation globale des ressources humaines en santé, d'autres problèmes transversaux semblent être fortement liés aux attitudes des professionnels de santé entraînant souvent des effets déstructurants (diagonalisation des systèmes à cause de la recherche des hauts profits ; cumul de postes et responsabilités ; migration des professionnels...) et aux manques de capacité nationale (systèmes d'alerte et de réponse) pour faire face à certaines situations d'urgence comme dans le cas des épidémies, des catastrophes naturelles... Un autre aspect important des questions de ressources humaines dont les bases réglementaires et de pratique sont solides dans les pays développés est l'implication de toute autre forme d'organisation dont le but premier est de contribuer à améliorer, restaurer et promouvoir la santé de populations, qu'il s'agisse du secteur privé, des fondations humanitaires, des missions philanthropiques ou des organisations de la société civile. L'implication du secteur privé, normalement souhaitable dans les pays pour une diversification des acteurs dans la prestation des services, rentre dans ce cadre d'engendrement d'effets déstructurants entraînant aussi à leur tour une émergence du secteur mais si les conditions entourant leur pratique ne sont soumises à aucune régulation de la prestation des services et de leur taxation (souvent des écarts énormes pouvant être trouvés à propos des tarifs ou des frais de prestation d'un même acte produit par les secteurs public et privé). Pour éviter les conséquences relatives à la fragmentation d'un même système entre différents groupes prestataires (public, privé…) et pour une meilleure harmonisation et standardisation des pratiques, ces réglementations jouent un rôle primordial pour freiner des dépassements d'horaires ou autres abus dans la prestation ; puisqu'elles ne suffisent pas à elles seules, d'autres mécanismes pourront compléter pour une meilleure prestation de la part des professionnels comme des incitations à la performance ou des honneurs rendus aux meilleurs praticiens et professionnels en guise de satisfaction de la part des autorités relativement à leurs pratiques.

A cet effet, de mécanismes cohérents de remboursement des prestations constituent également des gardes fous pour limiter toutes formes d'abus de la part des prestataires de soins mais qui ne doivent pas empêcher la mise en place des incitations à la performance en guise de récompense et de reconnaissance des mérites des professionnels à tous les niveaux. Les incitations, si elles sont basées sur des règles bien définies au préalable, constituent la meilleure façon non seulement de récompenser les performances mais d'améliorer la qualité des soins prodigués à travers les compétences techniques des professionnels et la recherche pour la découverte de nouvelles méthodes de prise en charge (politiques basées sur les preuves, nouveaux choix thérapeutiques et technologies médicales…).

Les aspects liés aux financements vu que l'espace fiscal devient de plus en plus restreint au sein des États, à la corruption, à la transparence et à la création d'un bon environnement de travail ne peuvent rester en marge de ces problèmes cruciaux concernant les ressources humaines en santé et montrant combien de fois ce bloc a besoin d'être renforcé par des mesures innovatrices dans le cadre de l'atteinte des objectifs de la couverture sanitaire universelle. Les améliorations des conditions de travail des professionnels de santé impliquent une gamme de stratégies qui affectent de façon potentielle les structures et procédures organisationnelles de gestion, les procédures de communication, les systèmes de rétro-information, une meilleure allocation des ressources, le partage des responsabilités entre les différents acteurs et toute l'organisation du système de prestation des services[26].

Dans un monde en passe d'une globalisation très poussée et plus que jamais et au regard de la nécessité de mettre en place des systèmes de santé viables tournés vers l'atteinte des objectifs communs de la santé globale malgré les écarts importants se trouvant entre les systèmes de santé, il est impossible de faire la séparation entre la vision de la politique nationale des ressources humaines en santé d'un pays de celle de la vision globale adoptée ou devant l'être car les questions de santé globale non seulement transcendent les frontières nationales mais elles peuvent aussi avoir un impact sur les politiques intérieures des pays et vis-versa. Ce qui nécessite une cohérence en termes d'objectifs globaux à atteindre surtout dans le cadre de la couverture sanitaire universelle prônée en ce moment par les États à travers l'agence Onusienne instaurée à cet effet, l'OMS.

II.6. Défis concernant les questions de financement des systèmes de santé

Les défis concernant le financement des systèmes de santé dans un espace restreint d'élargissement fiscal, de stagnation ou de difficultés de relance de la croissance économique dans la plupart des États du monde, nécessitent aujourd'hui l'intégration profonde des politiques de santé dans les politiques de développement macro-économique des pays. Cette nécessité d'intégrer de façon profonde ces deux politiques, qui a fait l'objet de discussion lors des instances internationales par les partenaires au développement durant ces dernières années, mérite d'être plus poussée très loin lors des prochaines instances pour sa concrétisation et permettre une meilleure exécution des activités à planifier dans les différents budgets sur la base des indicateurs macro-économiques et financiers. La redistribution des richesses nationales issues de la croissance impulsée a un fort potentiel en termes d'impacts dans l'accès aux services de soins et de prévention des populations bénéficiaires ; le revenu pesant beaucoup parmi les facteurs socio-économiques dans l'accès aux soins de santé malgré que la mutualisation des risques soit le meilleur modèle de la protection financière contre les risques sanitaires et autres.

Donc, "l'avenir nous amène à reconsidérer la relation santé et développement : nous avons pensé que le développement économique primait sur le développement sanitaire. Or, santé et richesse nationale entretiennent des relations complexes. La croissance économique stimule certes le développement du secteur sanitaire, mais celui-ci contribue fortement à lutter contre la pauvreté et la vulnérabilité sociales, favorisant ainsi le développement économique[27]".

Au-delà de cette relation d'interdépendance de la santé et du développement au sein des pays et du rôle que la santé peut jouer dans l'impulsion de la croissance économique, le financement de la santé, qui constitue une de trois dimensions à atteindre dans le cadre de la couverture sanitaire universelle, est la question la plus brûlante aujourd'hui au regard de la faiblesse du niveau de la part des dépenses publiques accordées à la santé surtout dans les pays en développement pour éviter d'exclure certaines couches de la société ; la santé étant un droit fondamental pour tous. En plus, les questions d'équité horizontale et verticale dans l'accès aux soins de santé, réclamées par les organisations de la société civile et des syndicats de travailleurs ainsi que par des activistes évoluant dans différentes parties du monde, nécessitent de plus en plus d'efforts de la part des États pour mobiliser plus de ressources en vue de faire face à certains problèmes récurrents des systèmes de santé comme les maladies transmissibles dans les pays les moins avancés et à la traîne et celles non transmissibles (maladies cardiovasculaires, cancers, maladies mentales…) dans les pays développés en plus d'autres priorités liées aux accidents de la circulation, aux dépenses de fonctionnement des systèmes et dans le cadre de la recherche-développement etc. ; ces derniers groupes de maladies non transmissibles prenant de plus en plus de proportions inquiétantes dans les pays en développement pour plusieurs raisons (rythme accéléré du développement dans certains pays sans mesures d'accompagnement pour gérer les effets du processus du développement); il s'agit entre autres de l'adoption des modes de vie face aux progrès dans le domaine des infrastructures et de la technologie : sédentarité, faible pratique des activités physiques, changement de régimes alimentaires...) et l'exposition à d'autres facteurs environnementaux de naturelles diverses.

Ce qui fait qu'en réalité, les mécanismes à mettre en œuvre paraissent d'autant plus complexes qu'ils nécessitent d'être combinés et améliorés au fil du temps pour répondre aux besoins croissants des populations de façons efficace et efficiente. C'est dans ce cadre que la commission de journal Lancet sur la santé globale 2035 a identifié dans un article publié récemment trois défis majeurs de santé parmi lesquels figure cette problématique de financement : "le premier domaine concernant les défis au regard de la santé des populations vulnérables dans les pays à revenu faible et intermédiaire ; le second domaine, conséquence du premier, est la transition démographique et le degré de changement à propos du fardeau de la maladie tourné vers les maladies non transmissibles dans les pays à revenu faible et intermédiaire et le troisième domaine, conséquence des dispositions financières internationales pour aborder les deux domaines précédents, est l'effet des dépenses de santé sur les ménages et les sociétés[28]". Ce qui montre à suffisance combien de fois le sujet est et demeura d'actualité dans les prochaines années parmi les objectifs clés à fixer dans le cadre de la mise en place des systèmes de santé financièrement durables, viables et tournés vers l'atteinte du concept de la couverture sanitaire universelle.

D'autres institutions peuvent aborder différemment ces questions en choisissant d'autres angles d'analyse du fait de la complexité des questions et mécanismes à choisir pour répondre aux préoccupations des populations malgré que des grandes préoccupations restent et demeurent les mêmes en fonction du niveau de développement, de la situation épidémiologique des pays et d'autres facteurs influençant sur les systèmes.

Pour l'OMS, trois problèmes fondamentaux, étroitement liés, empêchent les pays de se rapprocher d'une couverture universelle (la disponibilité des ressources, la dépendance excessive aux paiements directs et l'utilisation inefficiente et inéquitable de ressources[29]. Les fonctions essentielles de financement de la santé des systèmes de santé à savoir la mobilisation des ressources, la mise en commun et l'achat des services de santé qui sont d'une importance primordiale, sont sérieusement affectées par ces principaux problèmes identifiés, qui font, que la voie vers l'accès universel semble encore être des idéaux très lointains pour beaucoup de pays, soit en proie de difficultés financières, soit en récession économique ou en début de la période de relance.

Les systèmes de santé dans les pays en développement sont confrontés à plus de difficultés dans le processus de leur financement par le fait qu'ils n'existent pas en général des systèmes de mutualisation de risque et s'ils existent, ce ne sont pas des systèmes solides capables de prendre en compte une taille importante de la population, ce qui fait que ces systèmes continuent d'être fortement dépendant de l'aide publique au développement atteignant parfois 20% du Produit Intérieur Brut (PIB) des pays fortement dépendants dont certaines des caractéristiques essentielles restent ces dernières années (depuis 2008, l'année de la crise financière internationale), leur instabilité et l'imprévisibilité de cette instabilité rendant difficile l'alignement de cette aide sur les objectifs nationaux de certains pays récipiendaires de ces fonds malgré qu'on note des efforts par endroits pour sortir de cette situation de forte dépendance. Le financement des systèmes de santé ne se concentre pas seulement autour de l'aide publique au développement accordée à la santé pour ces groupes de pays, il tient compte de toutes les possibilités exploitables dans un pays à la fois auprès des partenaires techniques et financiers et des différentes opportunités en termes de mobilisation des ressources domestiques (recettes, différentes taxes sur salaire et celles spécifiques sur les substances nocives et dangereuses pour la santé comme le tabac, l'alcool...).

Si l'aide publique accordée à la santé est caractérisée par son imprévisibilité, par contre les taxes intérieures sont moins probables d'atteindre de façon précise les objectifs où les besoins sont les plus élevés : Moyen-Orient, l'Asie du Sud-Est et l'Afrique Sub-Saharienne[30]. Comment favoriser l'augmentation des niveaux de ressources déjà disponibles dans les budgets nationaux des États en termes de recettes fiscales et autres par rapport aux principaux objectifs fixés lors des instances internationales, régionales et sous-régionales fait partie intégrante des priorités de premier ordre.

A ce propos, on peut sans doute affirmer et sans se tromper que des problèmes structurel, institutionnel et politique font que certains États ont du mal à mettre en place des systèmes performants de collecte des impôts en vue de créer une marge additionnelle ou supplémentaire pour le financement des programmes sociaux de base dont la santé. A titre d'exemple dans le monde en développement, peu d'États Africains ont encore atteint par exemple l'objectif de 15% fixé lors de la Déclaration du sommet d'Abuja en 2001 malgré que quelques exceptions près : la République-Unie de Tanzanie alloue 18,4% de son budget à la santé et le Liberia 16,6% (ces chiffres comprennent les contributions des partenaires externes, gérées par le gouvernement et difficiles à isoler)[29].

Si ces problèmes structurels et institutionnels sont typiques aux pays à revenu faible et intermédiaire à quelques exceptions près, les nations développées restent confrontées à d'autres défis pour affronter le fardeau grandissant des maladies non transmissibles (coûts exorbitants des thérapies à cause de la chronicité et la longue durée de prise en charge des maladies non transmissibles et les dépenses liées à l'exploitation des technologies nouvelles). La situation de stagnation économique actuelle observée dans beaucoup de pays ainsi que celle de l'évasion fiscale, du recouvrement inefficace des impôts et des primes d'assurance en plus de l'augmentation de ces différents coûts, mettent d'autres puissants dans des situations difficiles de continuer de plus belle sur la voie de la durabilité des systèmes de santé et de l'atteinte de la couverture sanitaire universelle ; demande des efforts coordonnés de la part des États et des différents acteurs impliqués dans le processus de la mise en place d'autres formes de mécanismes nouveaux et de filets de sécurité pour assurer la continuité des soins pour les ayant droits mais également pour des nécessiteux en situation de vulnérabilité sociale ou de précarité. Il faut reconnaître l'existence de tels défis auxquels, les systèmes restent confrontés ces derniers moments et dont il faut avoir le courage de les aborder à travers l'adoption de mécanismes nouveaux. Le mode de financement des systèmes de santé est un élément essentiel de la couverture sanitaire universelle car il détermine l'existence, la disponibilité et l'accessibilité économique aux services de santé. Disposer de fonds suffisants pour la santé est une question fondamentale pour tous les pays[13].

Un autre chemin pour faire face à la durabilité des systèmes, est d'exploiter les sources externes de financement de la santé (aide publique au développement) dont l'acquisition des fonds est soumise à certaines règles préalables et d'autres réglementations qui ne font pas aujourd'hui, l'unanimité chez toutes les parties prenantes (partenaires bilatéraux, multilatéraux, récipiendaires, société civile…) à cause du non-alignement des points de vue et d'autres questions techniques liées à la multiplicité et la fragmentation des partenaires..

En effet, de vifs débats existent quant aux impacts positifs ou négatifs que l'augmentation du financement dans le cadre de la santé globale a eus sur la volonté des pays bénéficiaires pour maintenir ou augmenter leurs engagements financiers au compte des programmes de santé[30]. Ce qui soulève des interrogations de réorientation des systèmes de financement en prenant en compte toutes les opportunités qui puissent permettre non seulement de combler les déficits de financement mais de permettre une combinaison possible de plusieurs mécanismes de financements dans le cadre de la durabilité des systèmes de santé.

Depuis la dernière décennie et en partant des points déjà évoqués plus haut, des réflexions profondes sur ces aspects ont permis la création et la mise en place d'une panoplie de mécanismes nouveaux (financements innovants) pour combler les déficits de financements surtout dans les pays en développement (pays à revenu faible et intermédiaire). Aussi nombreux que différents à cause des objectifs qui les ont été assignés, des groupes cibles à atteindre et des procédures de collecte des fonds, ces mécanismes de financements innovants initiés à travers le monde par les partenaires techniques et financiers ainsi qu'à travers des initiatives crées entre les secteurs publics et privés, ont permis d'améliorer considérablement la situation sanitaire par endroits dans certains États ; surtout en ce qui concerne les avancées vers l'atteinte des certains cibles inscrites au titre des objectifs 4, 5 et 6 du millénaire pour le développement focalisés sur la santé.

Des mécanismes de taxes spécifiques bien coordonnés sur certains produits à haute valeur ajoutée et ayant un impact nocif sur la santé des populations ne devront pas rester en marge de cette volonté de la mise en place de ces types de mécanismes à cause du double avantage que l'on peut tirer de leur taxation surtout dans les pays en développement confrontés à une émergence d'industries naissantes. Les expériences de certains pays développés très avancés dans ce domaine peuvent être des preuves solides de leur mise à grande échelle et de façon graduelle pour éviter l'émergence d'un marché parallèle de contrebandes, qui serait beaucoup plus nuisible à la fois pour les économies que pour la santé des populations. Les mécanismes mis en place dans ces pays développés, devraient être renforcés en vue de limiter l'impact des pandémies industrielles auxquelles ils font face depuis plus d'un demi-siècle ; les accidents de la circulation et les conditions sanitaires liées au vieillissement de la population.

L'analyse des niveaux actuels de couverture atteints par les États par rapport aux OMD et d'autres problèmes récurrents liés à l'émergence des maladies non transmissibles et accidents de la circulation font que tous les partenaires sont pour une continuation des efforts pour accompagner les initiatives internationales de financement des systèmes de santé sans vouloir affaiblir l'institution onusienne de base en charge des questions sanitaires internationales mais aussi de trouver des stratégies locales (communautaires, sous-régionales, régionales et internationales encore non exploitées) en termes d'innovations pour l'atteinte des objectifs de la couverture sanitaire universelle. La communauté internationale devra trouver une réponse à ces questions si elle veut aller au-delà des modalités traditionnelles d'aide au développement et répondre aux problèmes de financement qui se posent au niveau mondial[32].

Ces problèmes soulevés nécessitent un véritable leadership dans la gouvernance sanitaire mondiale de l'Organisation Mondiale de la Santé en concert avec ses partenaires et un engagement politique fort de la part des dirigeants des États membres et d'autres secteurs qui leur accompagnent pour permettre d'accroître le niveau de la mobilisation des ressources et exiger plus de responsabilité et de responsabilisation quant à leur utilisation et celle-ci de façons efficace et efficiente pour l'atteinte des cibles prioritaires. Ce qui nous amène à nous interroger à propos d'autres problèmes qui vont au-delà des questions relatives à la mobilisation des ressources pour financer les systèmes de santé.

Un autre aspect lié au financement des systèmes de santé que les États devraient relever, est comment assurer et disposer la meilleure des protections financières possibles quel que soit le modèle de combinaison de différents mécanismes pour leurs populations face à l'accès aux systèmes de santé même quand ils ne sont pas dans des conditions socio-économiques favorables (chômage, précarité, vulnérabilité sociale, indigence...) car l'État ne doit pas seulement s'attendre de ses concitoyens que quand ils en bonne santé, qu'ils peuvent bien participer à renflouer ses caisses ou participer activement à la croissance et au développement. Il doit avoir un rôle protecteur pour tous ses citoyens surtout dans le cadre de ce droit fondamental qu'est la santé, une condition de vie ou de mort.

Ceci étant, un rapport récent de la Banque Mondiale (BM) sur les leçons apprises de l'expérience des pays avancés dans le cadre de la couverture sanitaire universelle a résumé les difficultés majeures auxquelles ces États sont confrontés actuellement pour l'atteinte de cet objectif idéal surtout dans le cadre de la mise en place des mécanismes de pré-paiement. Ces différentes leçons peuvent servir de bases fondamentales factuelles pour d'autres engagés sur cette voie comme la Turquie, qui, à travers son programme (Health Transformation Program) a fait des réformes profondes dans le cadre de la couverture sanitaire universelle. Mais le pays reste confronté à certains défis y compris la façon de comment lever les barrières financières dans l'accès aux services de santé pour une grande partie de sa population non assurée, « un système d'assurance inéquitable et fragmenté avec une faible couverture des populations pauvres et des coûts exorbitants des paiements directs qui conduisent aux dépenses catastrophiques de santé[33] ». Raison pour laquelle, les partenaires techniques et financiers se penchent pour la plupart sur une combinaison de différents mécanismes pour vite avancer vers le concept de la couverture sanitaire universelle. C'est une nécessité surtout pour les pays en développement où le secteur informel occupe encore une place importante dans les économies de ces pays rendant difficiles les procédures de prélèvements obligatoires sur les différentes taxes et la mise en place des systèmes d'assurances (publiques ou privées) capables de faire adhérer une population de taille suffisante, condition indispensable en plus des paiements réguliers des cotisations d'assurance. Cette question ainsi que la mauvaise compréhension des mécanismes de prépaiement dans certaines parties du monde ont été la principale cause d'échec de la vague des mutuelles de santé communautaires mises en place dans certaines parties du monde[7]. La nécessité de trouver des solutions à ces difficiles questions dans le monde en développement restera un sujet de préoccupations lors des instances internationales qui seront axées sur le financement des systèmes de santé ; l'évolution de la situation épidémiologique et l'élargissement de la base de la tranche d'âges affectée par ce groupe de maladies exigent que de telles options politiques soient adoptées dans l'agenda de la période post-OMD pour continuer à réduire le nombre de personnes chutant sous le seuil de la pauvreté à cause des dépenses de santé.

Selon l'Organisation Mondiale de la Santé, chaque année, plus de 100 millions de personnes basculent dans la pauvreté à cause des dépenses catastrophiques en soins de santé[34]. Assurer donc, la mise en place des systèmes de santé durables, nécessitera que des mécanismes soient mis en place pour couvrir ces populations confrontées à ces situations de dépenses catastrophiques et contribuera à une viabilité des systèmes de santé.

"Depuis quelques années, l'une des solutions envisagées pour améliorer l'accès aux soins, compris par certains comme une transition vers un accès universel, est de lever une partie de la barrière financière de l'accès en supprimant le paiement direct. Cette suppression du paiement doit s'opérer au point d'entrée du service, de manière à ce que ce ne soit pas uniquement les usagers (malades) qui participent au financement. De surcroît, cette suppression ne signifie théoriquement pas que la population ou l'État ne finance plus le système de santé, le maintien du financement du système restant un des enjeux majeurs d'une telle politique[35]". Les pays peuvent atteindre plus vite la couverture universelle en ayant moins recours au paiement direct[36].

Cependant, plusieurs pays et même ceux très avancés en termes d'innovations technologiques dans le domaine de la santé restent confrontés à ces défis comme le signalent les auteurs du rapport

(Existential Challenges in Global Health Financing) aux Etats-Unis où un sondage effectué en 2012 révèle que 26 percent des Américains sont confrontés à de graves difficultés financières dues aux dépenses médicales, les taux de suicide ont augmenté avec la récession et 58% ont différé leur traitement dû à leur incapacité d'effectuer des paiements directs ou les co-paiements des primes d'assurance[30] ; des efforts de l'année dernière de l'administration américaine à étendre l'Obamacare pour réduire de telles inégalités au sein de la puissance économique mondiale, ont du mal à être concrétisés sur le terrain à cause de la complexité de ces questions relatives aux financements de la santé et montrant effectivement que si la création de la richesse dans un pays n'est pas progressive au sein de la population, certaines couches restent prédisposées à de telles conditions. Il en de même en Argentine où une étude apporte les raisons de croire que les personnes âgées sont les plus vulnérables et probables de tomber dans des situations de difficultés financières dues aux paiements directs[37]. Les dernières grognes qu'a connues l'un des grands émergents sur ce continent, le Brésil, soulignent combien de fois les États se situant de deux côtés extrêmes de la pauvreté sont et demeurent confrontés à certains défis importants de financement de la santé en faveur de leurs populations. Il est aussi certain que le printemps connu par certains pays de la Zone EMRO de l'Organisation Mondiale de la Santé, a eu des effets déstructurants quant à toute l'organisation de leurs systèmes de santé, évidemment les différents mécanismes de financement mis en place.

Les autres parties du monde telles que l'Asie du Sud-Est et Pacifique ne sont pas en reste de cette question cruciale, fondamentale pour la durabilité des systèmes de santé par exemple en Chine, "on observe une forte dépendance par rapport aux paiements de prestations par les usagers et un sous-investissement, depuis longtemps déjà, dans les services de santé publique, d'où des inégalités importantes entre l'Est et l'Ouest du pays, entre riches et pauvres, et entre populations urbaine et rurale[38]. Cette situation paraît compromettante pour ce grand pays à la fois donateur et receveur de l'aide internationale accordée à la santé dans sa lutte pour son émergence surtout dans la prestation des services de santé. Dans son document de stratégie de coopération datant depuis 2005, l'OMS avait souligné que "la Chine atteindra difficilement les Objectifs du Millénaire pour le Développement (OMD) relatifs au VIH/sida, au genre et à la viabilité de l'environnement. Les cibles portant sur l'amélioration de la santé maternelle et infantile pourraient être atteintes, à condition que l'accès aux services de santé s'améliore38"; le niveau de précisions par rapport à ces objectifs après près d'une décennie devra confirmer ou infirmer cette hypothèse. Un autre grand émergent est l'Inde où les inégalités existantes sont connues de tous entre les différentes parties du pays malgré qu'elle ait fait des efforts surprenants pour éradiquer la poliomyélite comparativement à d'autres pays du même groupe économique. Dans l'optique d'avancer le système de santé du pays, le groupe de haut niveau sur la couverture sanitaire universelle a apporté des clarifications à ce propos quant aux défis auxquels, le système de santé indien devrait s'atteler pour avancer sur le chemin du concept de la couverture sanitaire universelle.

En grande partie, "les dépenses privées en termes de paiements directs avoisinant 67% durant la période 2011-2012, devraient être ramenées à moins de 50% sur celle de 2016-2017 selon les projections faites par ce groupe d'Experts de haut niveau, montrant que les populations vulnérables demeureront confrontées encore aux difficultés d'accès aux services de santé[39]. Ces données issues d'un rapport fourni en 2011 doivent faire l'objet d'attention particulière et de beaucoup de prudence dans les interprétations eu regard du sens de la progression prise par ces indicateurs consécutive aux avancées dans le domaine des sciences médicales et des techniques nouvelles dans ce pays émergent, ce qui ne semble pas dire que ces grands défis ont déjà été résolus et qu'ils ne doivent pas figurer parmi les principaux objectifs de la période post-OMD.

Face à cette situation, la responsabilité et la responsabilisation tout le long du système de santé devront être un credo pour les gouvernants comme pour les gouvernés afin que les efforts inlassables fournis ici et là pour mobiliser les fonds à travers différentes sources, les canaliser pour leur mise en commun et leur utilisation judicieuse dans la fonction de l'achat de divers services de santé, ne soient pas compromis dans le cadre de l'atteinte des objectifs de la couverture sanitaire universelle dans le post-OMD.

II.7. Défis concernant le sub-secteur des médicaments, vaccins et produits biologiques

Les politiques pharmaceutiques constituent une partie intégrante des politiques de santé publique des pays. Ce qui suppose qu'elles doivent être alignées sur les objectifs des politiques nationales de santé publique pour que les interventions prioritaires retenues et nécessitant l'utilisation des médicaments, des vaccins consignés dans le calendrier vaccinal, des produits médicaux, d'autres types d'intrants, fournitures, équipements et technologies nouvelles identifiées soient utilisés concomitamment par les services de santé appropriés.

"La plupart des nations développées et plusieurs de celles en développement ont leurs politiques pharmaceutiques et la liste des médicaments essentiels est régulièrement mise à jour. Beaucoup de pays ont adopté les politiques d'utilisation des génériques, d'enseignement et de formation à propos de ces concepts au niveau du premier cycle des études universitaires, des programmes de pharmacovigilance et des audits de la prescription, le tout contribuant à une meilleure atteinte de l'objectif de l'utilisation rationnelle des médicaments[40]"; et d'amélioration de l'état sanitaire des patients et des populations comme but final recherché. Il est à admettre que c'est une réalité qui s'est faite de façon graduelle dans les nations développées et qui a commencé bien avant les années 70, années de formulations de ces politiques dans les pays en développement et particulièrement pour ceux qui sont en avance sur cette question.

Comme indiqué plus haut, les politiques pharmaceutiques ne pourront s'aligner sur les grands axes stratégiques des politiques sanitaires nationales, en plus de la mise en œuvre des interventions de prévention, qu'avec une dispensation effective des médicaments et autres produits aux patients ou aux cibles des programmes prioritaires dans le cadre la prévention, une mise à grande échelle des médicaments en termes d'accessibilité géographique et financière pouvant réduire les fortes inégalités dans la consommation des médicaments essentiels, vaccins et autres produits médicaux, des innovations en termes de combinaisons et formulations acceptables et facilement administrables en vue de répondre aux besoins croissants des populations (en termes de qualité, efficacité et d'absence d'effets secondaires..). La réduction de ces inégalités passe aussi par rendre ces différents produits abordables pour les populations les plus vulnérables au sein de la société. Si tels constituent les idéaux affichés dans la quasi-totalité des documents de politiques et stratégies pharmaceutiques pour l'accès des populations aux médicaments et autres produits, d'immenses défis restent encore à relever pour permettre l'accès de toute la population globale aux médicaments essentiels (génériques hors brevet) à plus forte raison ceux sous brevets ainsi que les vaccins pour faute de réglementations strictes et d'assouplissement de certains principes en jeux entre les différents acteurs.

Donc, ce travail n'a pas une vocation d'indexer uniquement les inventaires de ces molécules protégés par des brevets ou des industriels ayant bénéficié de certaines faveurs pour l'obtention des brevets, mais c'est de récapituler les grands défis auxquels, la communauté sanitaire internationale devrait se préoccuper à résoudre dans le post-OMD au regard de la difficulté qu'elle a aujourd'hui pour faire face à certaines préoccupations anciennes mais toujours d'actualité (maladies transmissibles...), comme les questions émergentes de la santé globale (recrudescence de certaines infections, maladies non transmissibles, les accidents de la circulation). La globalisation oblige que les uns et les autres cèdent des points pour d'autres et vis-versa à travers le développement de nouveaux modèles de partenariat, des accords et autres participations dans le domaine de la recherche-développement comme dans le processus de la continuité du transfert des technologies dans les pays se prêtant à de telles perspectives de développement (secteur pharmaceutique, technologies médicales et les caractéristiques et conditions favorables à une économie d'échelle), enfin d'avancer vers le concept si cher à cette communauté internationale qu'est la couverture sanitaire universelle.

Des efforts immenses sont faits à certains niveaux entre les acteurs (États, institutions internationales, les inventeurs, des académies universitaires, les industries pharmaceutiques, les organisations de la société civile...) pour réduire les grands déséquilibres dans la recherche-développement pour non seulement produire plus de médicaments essentiels mais de nouvelles formules et de présentations de médicaments, vaccins et produits sanitaires facilement accessibles à certains endroits à cause des avancées dans plusieurs domaines.

"Malgré une amélioration régulière et constante de la santé dans le monde, y compris dans la plupart des pays en développement, chaque année, 17 millions de personnes dont une majorité d'enfants de moins de 5 ans meurent de maladies transmissibles qui pourraient souvent être évitées par une politique active de prévention, ou traitées et guéries par une thérapeutique appropriée (maladies infectieuses et parasitaires)[41]"; ces chiffres étant encore importants dans cette tranche d'âge inférieure. constituent des arguments en faveur de la mise en place des réformes importantes dans ce secteur. C'est dire que la pénurie des médicaments et autres produits essentiels au niveau de certaines communautés est une réalité et nécessite d'être abordée ensemble par la panoplie d'acteurs sous l'égide de l'OMS. Il conviendrait alors de souligner que cette situation de pénurie ne touchant en grande partie les pays en développement n'épargnent pas les nations développées, malgré qu'elles "consomment les 80% de la production de médicaments et ne constituant que 25% de la population mondiale[41]. Ceci dans la mesure où ces questions de santé globale transcendent les frontières communes et que des groupes spécifiques au sein de ces nations y sont aussi affectés par la situation d'une manière différente (accessibilité financière). C'est pour quoi ces sujets nécessitent le choix d'un large spectre d'interventions et de recommandations à différents niveaux entre les États membres de l'OMS et des partenaires techniques et financiers impliqués dans ce domaine (académies universitaires, industries pharmaceutiques, des professionnels impliqués dans l'utilisation rationnelle des médicaments, de la société civile en mutation…).

Il faut reconnaître que c'est une question profonde et complexe de la gouvernance sanitaire mondiale dont les solutions ne peuvent être trouvées qu'à travers l'ajustement des textes et règlements internationaux adoptés dont toutes les parties ont besoin de faire des efforts supplémentaires pour leur application pratique et cela au bénéfice de la population globale mais particulièrement pour les plus vulnérables n'ayant pas les moyens de se procurer de ces molécules dans le cadre de l'accès facile aux soins de meilleure qualité ; ces vulnérables bien que nombreux dans les pays en développement, ne constituent pas l'apanage du seul monde en développement.

Avant d'aborder les défis concernant les réformes qui doivent être axées sur l'ajustement et l'application de ces réglementations à l'échelle internationale et qui constituent en réalité des questions, à la fois complexes, stratégiques, humanitaires, de droits internationaux et de survie des populations dans les pays en développement comme dans les nations développées, il faut reconnaître que des défis concernant les aspects structurel, institutionnel et managérial des systèmes de santé locaux existent dans certains pays à revenu faible et intermédiaire faisant qu'ils ne sont aptes à opter pour de telles stratégies de réformes en termes de partenariat de développement des produits. La capacité de financement des systèmes de santé de ces pays fortement tributaires de l'aide publique au développement avec une marge très faible de mobilisation de ressources, des difficultés d'application et de développement des ressources humaines capables de développer et de conduire de telles initiatives en santé constituent aussi d'autres obstacles pour le développement de tels partenariats.

Certes, le contexte économique de certains pays à revenu intermédiaire couplé d'autres caractéristiques favorables à une économie d'échelle, à l'accès aux marchés des capitaux internationaux et à l'augmentation de la crédibilité financière de certains États en plus même de ceux qui bénéficient de certains des avantages, nécessitent que des réflexions profondes soient également faites à ce niveau pour aider ceux avancés dans le domaine (en général des inventeurs ou propriétaires des industries pharmaceutiques transnationales et nationales) avec une certaine souplesse et une redéfinition claire de certains des principes en jeu car il n'est une ignorance pour personne que des millions de décès continuent encore à être enregistrés dans le monde pour faute de médicaments essentiels, vaccins et autres produits biologiques. "Toutefois, ce cadre élude la question des innovations nécessaires pour répondre aux besoins de certains pays en matière de santé et de valeur ajoutée en termes de thérapie, lorsque ces pays ne représentent pas un marché rentable[42]"; raisons pour lesquelles, l'idée de se pencher sur des économies favorables à de telles conditions, paraisse fortement justifiée en lieu et place du développement de telles stratégies dans tous les pays.

Par rapport à la performance des systèmes de santé quant à l'application stricte de leurs propres politiques pharmaceutiques nationales développées par des experts nationaux ou avec l'appui des partenaires techniques et financiers, des problèmes épineux concernent encore les différentes phases du cycle de gestion des médicaments essentiels surtout dans les pays en développement. Certains possèdent des listes de médicaments essentiels qui ne sont pas du tout adaptées aux contextes épidémiologiques qui prévalent actuellement sur le terrain par faute de systèmes d'information cohérents capables de collecter les informations nécessaires, de renseigner et d'alerter sur les priorités de santé publique et pour des besoins de planification et de gestion.

Du fait que la concurrence est restreinte dans le cadre de la commande et l'approvisionnement en médicaments essentiels à certaines structures étatiques par endroits alors que les départements et les structures en charge de la santé publique et des politiques pharmaceutiques devraient plutôt veiller à l'application stricte des politiques à travers une libération de la procédure d'acquisition des droits de commandes et de distribution des médicaments essentiels au bénéfice des populations ; certes le domaine restant quand même celui d'un bien public et qui dit bien public, parle de la responsabilité des États à participer soit à leur production ou à la bonne régulation des conditions entourant leur consommation par la population. Or, il est clair aujourd'hui que de telles situations souhaitables ne sont pas du tout le cas au regard du nombre important de personnes cibles non encore couvertes par ces biens publics mondiaux (médicaments, vaccins, autres produits biologiques…). La participation du secteur privé, de la société civile, de certaines sociétés d'assurance et d'autres acteurs dans la procédure du cycle de gestion des médicaments dans certaines parties du monde ont permis d'accroître de façon considérable, l'accès aux médicaments essentiels pour les groupes constituant les cibles de leurs champs d'action et d'interventions.

Il en est de même pour les différents mécanismes mis en place à l'échelle internationale pour des commandes groupées des vaccins et autres produits biologiques par l'intermédiaire de l'Unicef pour un grand nombre de pays à revenu faible et intermédiaire et le fonds revolving de l'Organisation Panaméricaine de la Santé ; des fonds qui ont contribué ces dernières décennies à augmenter de façon croissante la taille des populations cibles de ces pays ayant accès aux vaccins et aux fournitures diverses en plus de la politique de co-financement des vaccins à travers la mise en place de l'Alliance Mondiale pour la Vaccination et Vaccins (GAVI), de l'appui d'autres organisations internationales, des fondations, de la société civile et d'autres mécanismes de financement nouveaux. Comment accentuer la mise en place prochaine de ce genre de mécanismes en explorant l'environnement économique et financier à différents niveaux (loco-régional et international) pour accroître davantage la disponibilité des médicaments essentiels hors et sous brevet au sein des États devrait être certainement un sujet commun de préoccupations dans le post-OMD en vue d'accélérer l'avancée des pays vers l'atteinte des objectifs de la couverture sanitaire universelle.

Ces questions ne sont pas les seules affectant la performance des systèmes de santé locaux au sein des États car les conditions de stockage et de distribution des médicaments essentiels du niveau central au niveau périphérique jusqu'à la dispensation aux patients dans les services de santé à base communautaire (surtout en zones rurales, régions éloignées et difficiles à atteindre par les moyens de transport) nécessitent que des efforts supplémentaires soient déployés pour limiter les taux de pertes et la détérioration des principes actifs des médicaments dans certaines parties du monde pour faute de systèmes de transport et de moyens efficaces de conservation (insuffisance d'énergies, manque d'équipements de stockage et de conservation...) Des innovations dans ce domaine afin de disposer des conditions efficaces et efficientes de stockage et de conservation ainsi le développement des technologies nouvelles et équipements fonctionnant à base d'autres formes d'énergies alternatives dans des endroits où le taux d'accès à l'énergie reste encore très faible afin de limiter les taux de perte de médicaments, n'en constituent pas des moindres préoccupations d'ordre global auxquels, il faudra s'attaquer dans les années à venir.

En outre, "des dix causes d'inefficience des systèmes de santé cités par l'Organisation Mondiale de la Santé (OMS), six (6) sont reliées au sub-secteur pharmaceutique[43]" montrant combien de fois, l'atteinte des objectifs de ce sub-secteur est fondamentale pour l'atteinte de ceux des politiques nationales de santé publique. Ces causes affectent en général le bon fonctionnement de tous les systèmes de santé dans la plupart des pays en développement. Il faudra également ajouter à ces questions soulevées, la faiblesse de la capacité des programmes de pharmacovigilance mis en place dans le cadre du monitoring et d'évaluation des effets pervers de certains des médicaments (contrefaçons, falsifications, surveillance des effets indésirables...) et la vente illicite des médicaments par des personnes non agrées (non-pharmaciens), qui prend de plus en plus des proportions inquiétantes dans certains pays à cause de la faiblesse des appareils étatiques.

Cependant les performances locales des systèmes de santé des ces différentes économies ne sont pas seulement affectées par des causes endogènes énumérées ci haut et qui ne peuvent à elles constituer les principaux contributeurs du déficit global actuellement constaté dans la couverture et l'accès aux médicaments essentiels, vaccins et autres produits médicaux à travers le monde ; la complexité de la disponibilité de ces produits médicamenteux dépassant le seul cadre de la performance locale des systèmes de santé et étant un aspect important de la diplomatie et de la gouvernance sanitaire mondiale.

Ce qui soulève des interrogations quant à l'efficacité de la concrétisation des politiques internationales adoptées à cet effet et les avancées dans leurs applications ainsi bien que leurs impacts dans l'amélioration d'un cadre pouvant permettre de disposer d'une quantité raisonnable de médicaments répondant aux besoins et préoccupations de la communauté sanitaire mondiale. En réalité, comme l'estiment les experts les plus accrédités dans le domaine, "le manque d'accès aux médicaments et produits médicaux continue d'être la cause à l'échelle mondiale de plusieurs décès et de grandes souffrances. Ceci est dû aux facteurs tels que les tarifications gérées de façon inadéquate, la rareté des ressources pour le financement des systèmes de santé, une mauvaise gestion des approvisionnements et de faibles systèmes de régulation et d'application des réglementations à propos des médicaments[44]". Cette défaillance de l'application de ces textes internationaux n'a pas d'effets que sur les populations dans les pays en développement mais touche également les plus vulnérables dans les nations développées. Si dans ces nations développées, "le système des brevets pour les produits pharmaceutiques a évolué au cours des temps[41]", cette réalité n'est pas plausible pour toutes les catégories de la population car les effets de ces politiques touchent également certaines catégories défavorisées comme les non-assurées, les personnes âgées, des personnes vivant avec des maladies invalidantes ou à forte charge et demandant des thérapies nouvelles qui ne peuvent leur être accessibles à cause de leurs coûts malgré que cela ne veut guère dénoter la faiblesse des systèmes de santé dans ces pays.

Les scientifiques de la communauté sanitaire internationale évoluant dans ce domaine restent très perplexes quant aux impacts de ces accords internationaux adoptés par rapport aux objectifs sanitaires mondiaux affichés en termes de disponibilité des médicaments, vaccins et produits médicaux essentiels pour tous à tout moment et en tout lieu. "Le consensus n'est cependant pas absolu au sein de ces pays ; certains groupes de patients, par exemple les personnes âgées aux États-Unis, sont opposés à des protections trop longues qui empêchent la commercialisation de produits moins chers[41]". Ces genres de situation ne sont pas des cas isolés même dans ces pays en développement car le phénomène existe dans d'autres nations développées au regard impuissant de la société civile et d'autres organismes humanitaires qui continuent d'agir en faveur de ces groupes spécifiquement vulnérables pour l'obtention d'un droit fondamental qu'est la santé.

Comment répondre à ces inégalités existant au sein des nations développées à travers le développement des nouvelles thérapies et d'innovations ou à travers l'assouplissement des règles en cours pour rendre efficace certains schémas de prévention et de traitement aidant à résoudre certaines préoccupations de santé publique sont aujourd'hui autant d'interrogations pour les experts que pour les politiques au regard de la rareté des ressources financières à laquelle font face certains États. Ces aspects qui relèvent du domaine de la Bioéthique, de l'Ethique et de la Déontologie Médicale poussent à réfléchir au sort de ces groupes de populations indépendamment de leurs emplacement et situations socio-économiques. "Ce qui montre à suffisance que le système de brevets, mondialisé par l'Accord sur les aspects des droits de propriété intellectuelle qui touchent au commerce (ADPIC), est le principal cadre incitatif pour le développement de nouveaux médicaments, en particulier s'il existe un marché rentable[42]".

C'est dans cette même logique que les auteurs de l'étude LEEM (Les Entreprises du Médicament) conduite par le Centre de Recherches pour l'Expansion de l'Économie et le Développement des Entreprises (Rexecode) en France a mis l'accent sur deux défis majeurs à relever dans le secteur pharmaceutique : "un changement profond du modèle économique de l'innovation pharmaceutique avec le rôle croissant des biotechnologies" et "le maintien des centres de production posé par la mondialisation, l'émergence de nouvelles nations productrices (Pays du Maghreb, d'Europe de l'Est, Inde, Asie...) et l'essor des médicaments génériques[41]".

Partant de ces constations, la profondeur et la complexité de ces questions que les experts à la matière n'ignorent point à cause des enjeux stratégiques et économiques liés à ces industries et du fait de la spécialisation de certains pays sur la base de ce secteur d'activité cadrent parfaitement avec la volonté exprimée pour le développement des partenariats avec les États sensés offrir une masse critique pour absorber les produits (médicaments, vaccins et autres) dans d'autres parties du monde afin de résoudre non seulement les problèmes de solvabilité mais chercher à avancer sur la voie de l'atteindre des objectifs de la couverture universelle surtout dans les pays en développement. Ces partenariats, qui se sont multipliés à travers le monde au lendemain de la seconde guerre mondiale et un cas non moins récent de ces partenariats, qui a permis la production à grande échelle du praziquantel, avait fortement réduit l'incidence de la schistosomiase qui se trouve aujourd'hui classée dans le groupe des Maladies Tropicales Négligées (MTN) mais constituant toujours une préoccupation par endroits et d'autres maladies (opisthorchiase par exemple) qui avaient une forte incidence et touchaient certains pays de l'Asie ; de tels partenariats tendant à résoudre certaines préoccupations à l'échelle mondiale doivent être encouragés entre les États et autres acteurs impliqués dans ce domaine.

La part du marché non encore explorée dans ce secteur équivaut en réalité à la taille de la population mondiale n'ayant pas encore accès aux médicaments essentiels et reparties dans la presque quasi-totalité des pays en développement y compris ceux ayant bénéficié des brevets de fabrication de certains médicaments. Cette taille de la population mondiale n'ayant pas accès aux médicaments est estimée à "plus d'un milliard de personnes (probablement deux)[41]" et c'est grâce à la mise en place de ces types de partenariats solides découlant d'une redéfinition de certains principes que cette proportion de 14-28% de la population mondiale peut être réduite de façon considérable voire totalement couverte en médicaments essentiels, vaccins et produits biologiques.

A travers l'application de ces accords, des progrès sensibles ont été obtenus surtout dans les pays en développement disposant d'une industrie pharmaceutique nationale et ayant développé une capacité de recherche pour se tailler non seulement une place sur le marché des médicaments, vaccins et autres produits biologiques mais de couvrir les besoins primaires de leurs populations en médicaments essentiels ; en plus, "la plupart d'entre eux ont pu accroître leur offre de médicaments nouveaux à des prix abordables par le biais d'une protection intellectuelle faible[41] ; une piste importante pour les pays avec les caractéristiques favorables à de tels partenariats.

Favoriser donc plus de compétitivité à travers d'autres formes de partenariats en termes de recherche-développement, particulièrement le développement des méthodes innovantes constitue en partie un grand champ d'exploration pour non seulement augmenter la capacité de production des industries nationales et transnationales mais également permettre l'entrée en jeu de nouveaux concurrents au bénéfice des populations à tous les niveaux. Comme, espérer par certains acteurs, "faciliter l'entrée de nouveaux fournisseurs est le moyen le plus efficace pour diminuer les prix des nouveaux vaccins dans les pays en développement". Il en de même aujourd'hui pour les médicaments essentiels (hors-brevet comme sous-brevets) et dont le point de départ sera d'assouplir les réglementations internationales adoptées, en particulier les Accords ADPIC car "s'appuyant sur la volonté politique des États et sur un ensemble de preuves, l'Organisation mondiale de la santé (OMS) a obtenu l'autorisation d'examiner et de promouvoir des modèles d'innovation ne s''inscrivant pas dans le système de brevets et susceptibles de générer des produits de santé adaptés aux pays en développement[42]".

Ce défi majeur à relever demande des efforts supplémentaires de tous les acteurs en cédant des points de leurs avantages stratégiques au bénéfice d'une cause commune longtemps affectée par de fortes inégalités entre les pays développés et ceux en développement et entre les différentes couches sociales au sein des différents États ; tout cela pour permettre des avancées notoires dans le post-OMD vers l'atteinte du concept de la couverture sanitaire universelle.

En somme, il paraît évident que cet important sub-secteur des systèmes de santé a aussi besoin de profondes mutations que d'autres au regard de la complexité et de la profondeur des questions auxquels, il faut s'attaquer en vue d'aligner les objectifs des politiques pharmaceutiques sur ceux des politiques nationales de santé publique et permettre de faire converger les pays vers l'atteinte de la couverture sanitaire universelle. Les problèmes liés aux aspects structurels et institutionnels au sein des États ainsi qu'à l'amélioration de l'efficacité et l'efficience des systèmes constituent autant de défis que la mise en place des mécanismes de facilitation de transfert de technologies, la levée des différentes barrières liées à l'assouplissement et la redéfinition des accords relatifs aux brevets (flexibilités dans les accords

ADPIC), le développement de partenariats solides entre les différents acteurs et institutions impliqués dans le domaine dans différentes parties du monde afin de disposer d'un cadre plus favorable à la concurrence dans la production de ces biens publics mondiaux.

II.8. Défis concernant les systèmes d'informations sanitaires

Les systèmes d'informations sanitaires constituent une des composantes clés des systèmes de santé et qui devraient normalement connaître un élan de développement plus rapide que celui qu'on connaît aujourd'hui dans la mise à disposition rapide de l'information médicale pour la prise en charge des patients, la compilation des différents types de données pour la prise de décision à commencer par les premières heures de la vie (de l'enregistrement de l'État civil) à celles de la notification des causes de décès. Autrement dit, c'est dire que "l'information sanitaire est vitale pour la prise de décision, le suivi/évaluation des programmes, des progrès, et de la performance du système de santé[45]".

L'avènement des nouvelles technologies de l'information et de la communication et les avancées considérables dans le développement des outils informatiques destinés aux systèmes de santé à travers la collaboration entre différentes disciplines scientifiques ont révolutionné en général le rôle de ce sub-secteur des systèmes de santé dans la prise en charge des patients et la prévention dans les pays développés et certains pays en développement malgré que leur mise en place ait entraîné d'autres défis auxquels les systèmes se trouvent aujourd'hui confrontés (augmentation des coûts des soins, des effets déstructurants du système de santé avec une médecine pour les riches et une médecine pour les pauvres dans les sociétés les plus avancées dans le domaine…).

Dans les pays développés, "il est évident que l'utilisation des formes modernes de technologies de l'information offre de formidables opportunités pour réduire les erreurs cliniques (par ex. les d'incidents liés à la médication, erreurs de diagnostic), pour appuyer les professionnels prestataires des soins de santé (par ex. disponibilité en termes de temps, mise à jour de l'information du patient), pour améliorer l'efficience dans la prestation des soins (par ex. délais courts d'attente pour les patients), ou éventuellement améliorer la qualité des soins des patients[46]". Certes, si ses avantages énumérés restent énormes dans les pays développés, l'introduction de ces nouvelles technologies de l'information dans la prestation des soins a fortement contribué à relever le niveau des dépenses des soins de santé car" il y a aussi des risques associés avec les technologies de l'information dans la prestation des soins de santé : les formes modernes de technologies de l'information sont très coûteuses (selon le Healthcare Information and Management Systems Society, presque 4,6% du budget des établissements de soins hospitaliers sont dépensés sur les technologies de l'information et de la communication), et ces manquements pourront causer des effets négatifs sur les patients et personnels[46]"; cette problématique d'augmentation croissante des coûts des soins suite à l'introduction de ces nouvelles techniques constitue la principale question à résoudre quant à la viabilité des systèmes de santé dans ces pays au compte des groupes les plus défavorisés.

Le schéma est presque complètement différent dans la plupart des pays à revenus faible et intermédiaire où les défis semblent être plus grands étant donné qu'ils sont pour la plupart au début d'une véritable informatisation des administrations publiques en général y compris le secteur de la santé. Ces derniers restent confrontés à certains problèmes structurels (relatifs à la technostructure, aux infrastructures énergétiques...) et institutionnels (leadership, gouvernance...) dans la mise en place des systèmes d'information solides, la nécessité de former et de renforcer la capacité managériale des équipes dédiées à la gestion de ces systèmes car l'élan de développement de cette discipline connexe (technologies de l'information sanitaire) est le plus rapide comparé aux autres disciplines médicales. Raison pour laquelle d'ailleurs, les institutions internationales en charge de la santé dans le monde auprès des Etats sont tous unanimes aujourd'hui qu'il faut renforcer les capacités nationales des pays dans ce domaine constituant le plus souvent un grand axe stratégique des politiques nationales de santé mais qui manquent cruellement de son application sur le terrain pour faute de financement accru dans le domaine ou de non alignement sur la vision des partenaires techniques et financiers.

Durant ces dernières années, le sub-secteur est resté influencer par les différentes relations qu'existent entre les départements en charge de la santé, les partenaires techniques et financiers et les sociétés partenaires évoluant dans ce domaine en cherchant à répondre le plus souvent à des questions conjoncturelles ou d'urgence que d'opter pour une viabilité des systèmes d'information sanitaire par la mise en place de façon progressive, des technostructures et autres infrastructures nécessaires. Il semble être également influencé par d'autres aspects structurels comme la disponibilité de l'énergie (taux très faible dans ces pays), la plupart connaissant l'atterrissage des réseaux sous-marins de connexion d'internet de haut débit et qui demandent des financements colossaux pour leur extension dans certaines zones urbaines, rurales et dans les régions très éloignées et difficiles d'accès. Ces projets prometteurs loin d'être une réalité encore sur le terrain constituent un des aspects au grand manquement des grandes opportunités qui devraient être saisies afin de développer de systèmes capables d'intégrer les activités de surveillance de santé publique à différents niveaux de la pyramide sanitaire (primaire, secondaire, tertiaire, programmes verticaux de santé…) au sein des zones géographiques dans l'architecture des systèmes de santé pendant la décennie passée. C'est autant dire que ce sub-secteur dont les Etats et la communauté sanitaire internationale reconnaissent aujourd'hui ses immenses apports aux processus de diagnostic rapide à travers les innovations (information du dossier des patients avec forte réduction du temps d'attente des patients, intégration des activités des services de prestation des soins et des sociétés et compagnies d'assurance pour une meilleure régulation des soins, partenariats de télémédecines etc.), de la coordination des actions de la coopération internationale dans les cas de catastrophes naturelles et d'urgences sanitaires à travers l'échange rapide des informations ainsi qu'à la mesure de la performance des systèmes nationaux, restera un des blocs des systèmes de santé à renforcer dans les années à venir. C'est pourquoi, d'ailleurs, le secteur bénéficie actuellement d'une attention particulière de la part de cette communauté internationale en vue de mieux renseigner à différents niveaux sur les progrès réalisés par les pays dans le cadre de l'atteinte des objectifs du millénaire pour le développement (OMD). Dans les années à venir cette mission assignée ne sera atteinte sans une véritable intégration et un recadrage des différents services composant le secteur avec les autres départements impliqués dans les activités de la prestation des soins et de la gestion des autres services. Cette intégration avec les autres services à différents niveaux constitue à la fois des voies et moyens sûrs pour une meilleure précision dans les prises de décision à travers la diminution des erreurs diagnostiques, la collecte des données de natures diverses avec moins de contraintes par rapport à leur qualité comme il est le cas aujourd'hui par différents niveaux, leur disponibilité à temps et la facilité de transmission d'un niveau à un autre le long de la pyramide sanitaire. Il reste reconnu à ce niveau, un défi de taille à relever et sur lequel il faudra s'appuyer pour savoir la véracité des informations fournies quant aux progrès dans l'atteinte des objectifs du millénaire pour le développement (OMD) et des futurs objectifs de la couverture sanitaire à mettre en place.

Comme indiqué plus haut, les pays en développement se situent à différents niveaux, fonction des progrès réalisés dans la mise en place de ces systèmes. Pour la plupart d'entre eux situés en Afrique, en Asie du Sud-Est, en Amérique Latine etc., les systèmes d'informations sanitaires sont encore basés sur un modèle de reportage et de calcul manuel des statistiques administratives, managériales, sanitaires comme le qualifient les Anglo-Saxons "Paper-based Reporting Systems", dans certaines zones urbaines mais particulièrement dans celles rurales et éloignées avec de rares unités de district qui fonctionnent sur la base du rythme de la production quotidienne d'énergie. Un autre aspect est le manque et la faible capacité des services et les compétences limitées du personnel évoluant dans les services d'information et de gestion des statistiques sanitaires des pays à cause d'une mauvaise application de très bonnes politiques nationales de développement sanitaires élaborées à cet effet. Or, "le succès dans le renforcement des systèmes de santé exigera des informations fiables, fournies à temps et précises sur la performance des systèmes eux-mêmes[49]".

A ce propos, les travaux de Pathé et al en 2012 sur le renforcement des systèmes de santé dans les pays de la région AFRO soulignent que les systèmes de santé de cette région restent confrontés à plusieurs défis dont entre autres : "établir un cadre d'évaluation de la performance du système, et instaurer un processus continu suivi-évaluation-révision ; sélectionner une série limitée d'indicateurs adaptés et conformes aux normes internationales ; développer l'expertise requise en conception, gestion, utilisation de l'information et en recherche sur les SIS ; créer un environnement de travail incitatif pour promouvoir une culture de prise de décision fondée sur des bases factuelles ; mettre en place un mécanisme efficace de mesure de la performance du système de santé[45]".

Tous ces défis évoqués sont pratiquement en rapport avec le niveau de développement et d'évolution des systèmes d'information sanitaire dans ces pays.

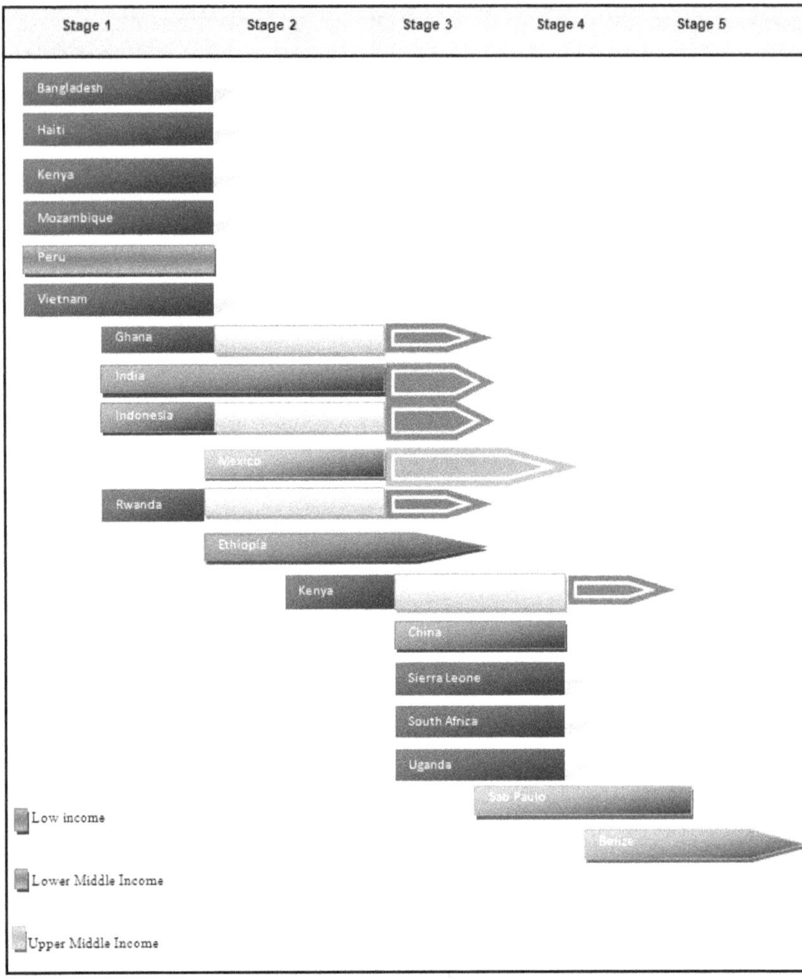

Schéma 3 : Les pays et leur progression le long des stades du développement des SIS

Source : Adapté de Vital Wave Consulting[49]

Ce qui semble confirmer que la plupart de ces systèmes sont encore à un stade rudimentaire dont des efforts énormes sont attendus dans les prochaines années en vue de les qualifier à travers l'adoption d'une approche de développement des systèmes de santé de la base au sommet contrairement à celle d'aujourd'hui (sommet-base), source de la genèse de plusieurs inégalités dans l'accès aux soins (accessibilité géographique, financière, manque d'activités d'information et de communication dans le cadre de la prévention individuelle et collective, la production des statistiques pour la planification…).

Des modèles de développement de partenariats entre les départements ministériels, les partenaires techniques et financiers, le secteur privé et les sociétés des nouvelles technologies de l'information et de la communication à travers une contractualisation ou d'autres pistes peuvent être proposées pour la mise en place des fondations de ce bloc en pleine mutation dans ces pays à ressources limitées et à faible capacité de production des technologies de l'information dédiées à la santé.

Si ces problèmes constituent certains des défis cruciaux auxquels ce groupe de pays devrait s'atteler, il faut reconnaître que des problèmes existent à différents niveaux de l'échelle avec plus d'efforts à fournir par les pays considérés comme à la traîne, mis en évidence par les travaux du groupe de consultants "Vital Wave Consulting" en 2009 ; groupe qui a eu à différencier cinq stades d'ascension des pays en développement pour la mise en place des systèmes d'informations sanitaires efficaces, comparaison faite aux systèmes d'informations sanitaires établis dans les pays les industrialisés et en avance sur ce plan (Voir schéma3 ci-dessus).

Des facteurs comme le niveau de développement économique des États, l'équité dans la répartition et l'accès aux infrastructures de base et aux équipements technologiques et autres moyens informatiques, l'existence d'un système de compilation des données sur la base du modèle "Paper-Based Systems" ainsi que l'augmentation des efforts pour permettre une transition en quittant ce vieux modèle des systèmes d'informations sanitaires par une introduction progressive des outils informatiques à la base (communautés de développement, zones rurales...) et la mise en place de véritables systèmes opérationnels d'informations ayant à leur disposition des technologies nouvelles ont permis à ce groupe de consultants de situer les pays sur la voie des progrès dans cette ascension.

"Il est important de mentionner, cependant, que des progrès le long de ces stades n'impliquent pas seulement des améliorations en termes de disponibilité des technologies, mais exige aussi un engagement pour l'usage de ces systèmes d'information sanitaire pour la prise de décision basée sur les preuves. Ceci exige à son tour un leadership efficace et une formation complète à différents niveaux des systèmes de santé[49]".

Certes, si le développement économique rapide et le transfert des technologies ainsi que les rapports et la proximité de certaines zones en développement avec les régions développées du monde ont fortement contribué eux aussi à améliorer ces systèmes, d'autres questions récurrentes n'ont pas encore trouvé de solutions à cause des divergences en termes de motivations des différents partenaires ; des divergences en rapport avec les ambitions des pays et d'autres valeurs démocratiques et culturelles.

En plus, dans la plupart des nations en développement dont le secteur de la santé reste tributaire à l'aide publique au développement à la santé, les principaux services en charge de l'information sanitaire et de sa gestion restent fragmentés comme révélés par les auteurs du rapport intitulé "Défis nationaux et enjeux partagés" des systèmes de santé en Algérie, Maroc et Tunisie à cause des intérêts des différents acteurs et des domaines de compétences comme déjà annoncés ci-haut. Dans ces pays comme bien d'autres dans le monde en développement, "des données sont mobilisées, en provenance de grandes enquêtes, de la gestion des programmes nationaux de santé, des services de planification des ministères. À ces sources nationales, il faut ajouter la production des organismes internationaux comme l'OMS, la Banque mondiale, les agences de l'ONU. On aboutit ainsi à des systèmes d'information plutôt morcelés et centrés sur l'épidémiologie[48]".

Comment intégrer les activités de ces différents services déconcentrés des administrations publiques, des agences du Système de Nations Unies et d'autres partenaires dans la mise à disposition rapide et efficace de l'information sanitaire pour une meilleure coordination des activités de surveillance des systèmes nationaux et du partenariat global ne peuvent être actuellement occultées en termes de défis à relever dans ce domaine et cela même dans les régions avancées en ce qui concerne la viabilité de ces systèmes.

Des tels manquements sont signalés dans bien d'autres régions comme par exemple le Pacifique où "les principales préoccupations concernent entre autres les effectifs des Systèmes d'Information Sanitaires ; l'amélioration des processus de collecte et d'enregistrement des données ; l'amélioration de l'analyse, la diffusion et l'utilisation des données ; les investissements en matière de technologies de l'information et des communications (TIC) ; et le renforcement des relations avec les organismes hors du secteur de la santé qui collectent et utilisent les informations sanitaires[49]".

Un autre aspect très important concernant les principaux défis auxquels, les systèmes de santé sont confrontés dans ce sub-secteur est comment adapter ces modèles de systèmes d'informations sanitaires mis en place dans certains pays en développement confrontés au double fardeau des maladies transmissibles et non transmissibles. Cette problématique reste une des questions en suspens au regard du niveau de faiblesse des structures locales dans la collecte des informations concernant les déterminants de la santé et autres facteurs concernant ces dernières et pouvant permettre de mieux édifier sur leurs tendances évolutives. La précision des données ne peut être obtenue qu'avec le renforcement des rubriques de données concernant les maladies non transmissibles et leurs différents facteurs de risque, dans le développement des outils, des procédures et procédés fiables de collecte d'informations.

Le fait que peu d'attentions soient portées sur ces maladies et leurs facteurs de risque dans les nations en développement, des initiatives manquent pour une véritable intégration des systèmes d'informations sanitaires et de gestion des statistiques se focalisant sur ces maladies. Les statistiques produites souvent dans ce cadre sont basées sur les données hospitalières, malgré que nécessaires et importantes pour des besoins de planification, d'allocation des différentes ressources (humaines, matérielles, financières) au sein des structures de prise en charge, elles ne peuvent constituer des preuves solides pour la mise en place des interventions de prévention de grande envergure, à base communautaire, primordiales pour réduire le lourd fardeau lié à ces maladies en agissant sur les déterminants socio-économiques et environnementaux.

Les entités coordonnant les activités de ces systèmes d'information sanitaire manquent souvent de capacités logistiques et d'autres ressources vitales pour réaliser des enquêtes nationales de santé comme les enquêtes démographiques et de santé (EDS avec des intervalles longs de production des statistiques d'ordre national au regard de la dynamique actuelle de la population), des enquêtes santé-nutrition avec des rubriques sur les maladies non transmissibles (MNT) ou d'autres types d'enquêtes réalisées par les partenaires techniques au développement. Les statistiques produites à travers ces différentes enquêtes ne contiennent jusque maintenant aucun volet consacré à ces maladies non transmissibles alors qu'en réalité, elles commencent à prendre des proportions inquiétantes parmi les principales causes de maladies dans le monde en développement, surtout dans les émergents.

Il serait donc plus souhaitable que les systèmes de surveillance actuels basés uniquement sur les maladies transmissibles soient revus afin d'adopter une approche plus large et basée sur la population cible, capables de mieux renseigner sur l'état de santé des différentes populations. Raison pour laquelle, l'on est plus rassuré que "les sites de surveillance démographique génèrent les données démographiques et sanitaires de grande qualité, basées sur les populations, produites sur la base des études longitudinales transversales et constituent des ressources critiques d'informations valables à base communautaire dans la grande partie du monde en développement[50]". Des telles difficultés dans la mise en place des systèmes d'information sanitaires adéquats couplés à l'adoption de nouvelles modes de vie dues à cause d'une urbanisation rapide, ont contribué dans certains pays au développement des infrastructures sanitaires destinées à la prise en charge de ces maladies non transmissibles sans se préoccuper du volet prévention alors que les deux champs doivent aller de paire pour obtenir des résultats probants.

Le moyen le plus sûr d'arriver à une telle vision est de contribuer à mettre en place de façon progressive mais viable, des systèmes d'informations sanitaires efficaces qui puissent non seulement permettre d'alerter les politiques pour leurs prises de décisions par rapport à la situation épidémiologique qui prévaut dans un pays de la façon la plus coordonnée à différents niveaux (national, sous-régional, international...), pour davantage appuyer les professionnels dans la prestation des soins de meilleure qualité et pour contribuer à renforcer la performance des systèmes de santé en général à travers une utilisation rationnelle et efficiente des différentes ressources (humaines, matérielles. financières...).

II.9. Défis concernant la gouvernance sanitaire mondiale

La santé a toujours demeuré et continue de demeurer, un sujet de préoccupation mondiale autant pour les politiques des pays que pour les acteurs internationaux évoluant dans le domaine de la santé globale. C'est ce qui a d'ailleurs conduit à la mise en place depuis le 7 Avril 1948, d'une agence spéciale du Système des Nations Unies dédiée à la régulation des questions sanitaires internationales en l'occurrence, l'Organisation Mondiale de la Santé (OMS) consécutive à l'adoption de sa constitution et de sa signature en 1946, sous l'égide des diplomates des Etats membres et signataires de cette constitution d'alors.

Depuis cette période mémorielle de la mise en place de cette agence du Système des Nations, le monde a traversé plusieurs étapes successives dans son combat continu contre les maladies à travers la gestion des grandes épidémies, l'éradication de certaines maladies transmissibles grâce aux progrès de la médecine et d'autres disciplines connexes ; des avancées notables dans la diminution de la charge imputable à ces groupes de maladies ainsi que des actions novatrices dans l'assainissement du cadre de vie des populations, la lutte contre les grandes famines à travers l'implication d'autres secteurs (agriculture, industrialisation...), des efforts pour la reconnaissance des droits fondamentaux de certains peuples y compris la santé et la réduction de certaines inégalités face à l'accès aux soins de santé de base.

En plus de ces acquis, l'industrialisation des Nations aujourd'hui développées a entraîné le changement des causes des maladies dans les années 1950 correspondant au début de la période connue sous le nom de la transition épidémiologique, caractérisée par l'émergence des maladies non transmissibles (MNT), ces pandémies industrielles constituant la première préoccupation aujourd'hui en santé publique. Ces efforts continus de la communauté sanitaire internationale ont également permis de réduire de façon progressive jusqu'à nos jours, le fardeau lié aux maladies transmissibles dans le monde en développement dont la plus grande partie reste encore confrontée au double fardeau lié à ces deux groupes de maladies et aux conséquences qu'elles entraînent en termes d'années de vie perdues et celles corrigées d'incapacité et sur les économies de ces pays.

Durant ce long périple de lutte contre les maladies par les Etats, l'on a également connu la naissance d'autres agences du Système des Nations Unies, des agences de développement international à la fois au service de la coopération et de la diplomatie sanitaire, des organisations de la société civile (associations, Organisations non gouvernementales internationales et nationales, des organisations philanthropiques, des associations...), des modèles de partenariats public-privés et autres formes, des fondations humanitaires, des organisations régionales et sous-régionales de santé, des réseaux professionnels, des académies de sciences, des industries spécialisées dans la production des produits médicaux et autres équipements à usage médical ainsi bien que la mise en place des politiques et règlements internationaux, bref toute une panoplie d'acteurs avec leurs stratégies au service de la santé de la population mondiale dont les motivations et les champs d'intervention diffèrent.

Face à la multiplicité de ces acteurs à leur diversification et des motivations qui leur animent ou qu'ils affichent dans leurs domaines d'intervention, il peut être permis de se poser la question de savoir : quels sont les principaux défis que devront s'atteler la communauté sanitaire internationale (les Etats membres de l'Organisation Mondiale de la Santé et leurs partenaires) dans l'atteinte des objectifs globaux et nationaux en termes de gouvernance dans le domaine de la santé mondiale afin de rassembler des pistes pouvant conduire à une convergence rapide des pays ? Avoir une vision de tels défis avant la date butoir fixée dans le cadre des OMD, permettra certainement aux acteurs de la santé globale, d'élargir les réflexions sur les différentes approches, stratégies et interventions prioritaires à adopter en vue de les aborder.

D'abord, il est aujourd'hui clair qu'"une mutation s'est opérée dans le domaine de la santé globale dans les 10 à 15 années passées, résultant de la création des nouveaux régimes de façon radicale, une croissance inégale dans le financement de la santé globale et une influence grandissante des décideurs politiques, des activistes et philanthropes qui portent un regard sur la santé globale comme une question de politique étrangère d'une importance de premier ordre[51]". Malgré ces mutations majeures opérées, les résultats sanitaires sont peu reluisants par endroits au sein de la majeure partie des Etats et ces conditions sanitaires pour une partie encore plus importante de la population mondiale repartie dans les grandes zones géographiques mais surtout dans les pays à revenu faible et intermédiaire.

De ce fait, le grand mouvement qui s'en est suivi, " la mondialisation a placé la santé comme de plus en plus au centre de l'intérêt de l'Etat et de la politique étrangère – allant des incidences des pandémies sur le commerce et la propriété intellectuelle au fardeau des maladies transmissibles ainsi qu'aux incidences de la sécurité alimentaire et de la salubrité de l'eau[52]". C'est pour autant dire que le contexte d'élaboration des politiques et stratégies nationales de santé doivent tenir compte de cette complexité du cadre global dans lequel, évoluent les systèmes de santé au lieu d'avoir une vision restreinte à son environnement local, la globalisation exige donc des actions concertées et coordonnées du fait que ces défis transcendent les frontières nationales. "Tout objectif futur de la santé globale doit être abordé universellement en termes de pertinence. Chaque pays est un abri pour les familles et les individus qui manquent de moyens financiers, des besoins nutritionnels, de médicaments ou des soins pour prévenir, guérir et gérer les maladies[19].

Cette question de gouvernance dans le domaine de la santé globale constituant un domaine prenant une place de plus en plus importante parmi les disciplines de santé publique enseignées dans les écoles traitant ces questions de santé publique et de développement international au regard de la complexité des questions y afférant, a été abordée par certains experts les plus accrédités et ayant une forte expérience dans la connaissance du sujet et évoluant auprès de différents acteurs, sous plusieurs angles comme proposé par le Professeur **Ilona** de l'Institut des Hautes Etudes du Développement de Genève en Suisse, qui a argumenté que "les nouveaux défis de la santé globale résultent de la croissance industrielle, de la mondialisation et d'une interdépendance croissante, tels que le changement climatique, la sécurité alimentaire, les niveaux épidémiques des maladies non transmissibles et l'impact des pandémies sur la santé des humains et le bien-être et doivent être abordées par des politiques publiques[53]". La mise en place de ces politiques publiques demande une réorganisation des systèmes de santé d'une autre façon que celle qu'on connaît actuellement et "la réponse sociale organisée aux conditions sanitaires au niveau global est celle que nous appelons le système de santé global et la façon à laquelle ce système est géré est celle que nous faisons référence en termes de gouvernance[54]". S'il est clair que les politiques publiques ont un effet sur la prévalence et l'incidence des maladies à travers la mise en place d'interventions dont le point de départ est situé au niveau des ménages au sein des communautés, les politiques internationales en la matière, élaborées à l'échelle mondiale souffrent en général de leur application pour diverses raisons car la "santé globale est devenue une considération et en ce temps une pré-condition pour nombre de champs politiques comme l'économie politique, la politique étrangère, les géopolitiques, la politique de sécurité, des investissements et des stratégies de marché et des droits humains[55]", soulevant des problématiques et compliquant davantage les prises de décisions dans le processus de la gouvernance sanitaire mondiale.

Devant ce conglomérat de problèmes complexes et de déterminants ou facteurs à résoudre et dont certains se trouvent même en dehors de ce système global de santé à mettre en place pour répondre aux préoccupations majeures dans le domaine de la santé globale, l'on ne peut nier aujourd'hui l'existence d'un vide dans la meilleure coordination et la régulation des questions sanitaires internationales car la seule véritable autorité institutionnelle et juridique mise en place au sein du système des Nations Unies depuis 1948, l'Organisation Mondiale de la Santé (OMS) est en concurrence aujourd'hui avec une multitude de grands acteurs comme d'autres agences spécialisées du système des Nations Unies (UNICEF, FNUAP, PNUD, OMC…), des agences de développement international des grandes puissances au service de la diplomatie sanitaire : USAID (y compris le centre CDC), Coopération chinoise, Coopération Japonaise, GIZ, AFD, DFID, Coopérations Russe, DDC suisse, ACDI, ADA, coopération Brésilienne, Indienne, des grands pays du Moyen et du Proche Orient comme l'Arabie Saoudite, l'Israël, la Turquie, l'Iran, les Émirats Arabes Unis, le Qatar, d'autres pays Européens (comme l'Italie, l'Espagne, la Belgique, la Suède, la Norvège, le Danemark, les Pays-Bas...), l'intention renouvelée et la participation graduelle des autres pays émergents d'Afrique

(Afrique du Sud, Nigeria, Egypte, Maroc ...), d'Asie (Nouvelle-Zélande, Malaisie...) et d'Amérique Latine (Mexique, Argentine.....) et autres partenaires de grande importance comme les institutions financières accordant une grande importance au financement de la santé comme étant un facteur crucial pour le développement, les industries pharmaceutiques, des organisations de la société civile... Cette situation met aujourd'hui, l'Organisation Mondiale de la Santé en situation de faiblesse dans ces prises de décisions. Or, "l'OMS est maintenant gouvernée par 194 pays membres et est chargée de l'organisation des réponses internationales aux défis communs de santé[54]". Normalement son élargissement à la presque totalité des Etats du monde et aux Entités devrait faciliter la coordination des actions globales et l'application des règlements sanitaires internationaux, ce qui n'est en réalité le cas observé aujourd'hui à cause des autres motivations qui animent ces grands acteurs aux dépens de l'institution Onusienne mandatée à cet effet. La participation d'autres acteurs dans cette mission commune de grande envergure en vue de trouver des solutions globales aux défis communs auxquels le monde se trouve confronté, implique une synergie des efforts des uns et des autres à différents niveaux dans la mise en œuvre de la stratégie globale pour l'atteinte des objectifs futurs en fonction de leurs domaines de compétences et des cibles prioritaires mais mérite une réforme en termes de coordination dans la redéfinition des priorités sectorielles pour éviter les duplications de programmes et projets en des endroits aux dépens d'autres régions en proie de fortes inégalités sociales dans l'accès aux soins essentiels si l'objectif idéal affiché est celui de l'atteinte de la couverture sanitaire universelle.

"Cependant il y a un large consensus que l'architecture institutionnelle actuelle, maintenant vieille de plus de 60 ans, n'est pas apte à répondre aux menaces de la santé globale de façon effective[54]". Ce qui soulève de nouveau certaines questions cruciales de gouvernance sanitaire mondiale particulièrement par rapport au leadership, au pouvoir dans la coordination des actions sanitaires internationales et qui doit nécessiter un nouvel engagement de la part des Etats membres de l'Organisation en charge de ces questions en concert avec ses partenaires du Système des Nations Unies face à la nouvelle approche à adopter en faveur de la santé globale pour une meilleure gouvernance dans le secteur. Des approches discutables en termes de perspectives lointaines basées sur le renforcement du rôle de l'OMS dans la régulation des questions sanitaires internationales et sur les investissements à long terme par les Etats et les bailleurs de fonds en santé globale au profit des principales cibles constitueront certains des défis à relever par la panoplie d'acteurs, qui devraient se retrouver autour de l'OMS, pour mener à bien les discussions autour des objectifs futurs concernant cette problématique de gouvernance sanitaire mondiale. Cette approche se veut aussi de renforcer les structures nationales à travers l'apport continu (technique, technologique, financier...) aux systèmes à faible capacité de réponses et à moindre performance dans les pays à la traîne pour limiter les répercussions de leurs difficultés à s'engager sur le chemin de la performance globale. Le cadre propice pour renforcer ces appuis techniques et d'autres natures aux sub-systèmes du système global est d'utiliser l'institution mise en place à cet effet car "l'OMS est le seul acteur dans le système de santé global qui est établi sur l'adhésion universelle de tous les Etats des Nations reconnues souveraines (malgré que cela soit seulement identifié à travers son secrétariat) et avant tout elle reste centrale envers les systèmes de santé[54]". Ses rapports avec d'autres agences comme l'Organisation Mondiale du Commerce (OMC) dont l'objectif premier n'est pas en rapport direct avec la santé mais ayant une forte influence sur d'autres secteurs agissant sur la santé globale doivent être clairement redéfinis et délimités dans la mise en place des accords commerciaux axés sur la santé. La revue des accords ADPIC et autres axés sur la santé entre ces deux institutions avec l'appui des autres partenaires évoluant dans le domaine de la santé globale permettra d'établir le socle de la véritable gouvernance et de leadership dans le domaine. Des phénomènes actuellement en cours et concernant la globalisation, la dividende démographique, l'intégration des marchés à travers les prêts concessionnels et de capitaux entre les bilatéraux, multilatéraux etc. font que ces questions doivent faire l'objet de recherche de consensus entre les acteurs impliqués et non impliqués dans cette démarche de mutations majeures et profondes à s'opérer en santé globale.

En outre, du fait que "la transparence et la responsabilité sont des facteurs clés de la gouvernance[56]", un défi en termes d'innovations dans la période post-OMD en matière de gouvernance démocratique des institutions internationales et autres partenaires évoluant dans le secteur est de réguler les questions relatives à la recevabilité, à la responsabilité et à la responsabilisation des principaux acteurs au regard de leur nombre sur le terrain et les différents champs dans lesquels, ils évoluent ; poussant à penser aujourd'hui s'il n'y a pas une nécessite pour la mise en place d'une agence spéciale des Nations Unies dont la mission principale serait de coordonner les activités d'évaluations des actions internationales sur le terrain permettant de combler ce vide institutionnel et d'avoir une clarté des progrès obtenus dans différents domaines devant être priorisés dans le post-OMD ; des évaluations réalisées dans la plupart des cas par les administrations publiques et des groupes de consultations privées avec une faible participation de la société civile. L'implication de la société civile apolitique, sans but lucratif dans ce vaste domaine permettra de donner plus de précisions aux actions car "selon les estimations de l'Organisation Mondiale de la Santé (OMS), jusqu'à 20-40% des dépenses de santé sont gaspillées, souvent à travers les pratiques inefficientes et par conséquent tout agenda de gouvernance doit aborder les questions liées à l'optimisation des ressources dans les dépenses de santé[57]". Un défi de taille qui est encore loin d'être gagné même dans les pays ayant mis en place des systèmes de santé les plus performants dans la mesure où "la responsabilité dépend largement de bonnes pratiques de mesures et de nouvelles formes de responsabilité exigent de nouvelles formes de mesures, de normes et de règles[56]".

L'efficience et l'efficacité du système de santé global à mettre en place par la communauté sanitaire internationale pour aborder ensemble des questions à la fois anciennes et émergentes dans le domaine nécessiteront l'adoption, la promotion et la mise en place des politiques publiques de grande envergure dont le double objectif devrait être à la fois d'améliorer les états et conditions sanitaires de toutes les composantes de la société mais de créer un cadre propice pour le bien-être des individus, familles et populations. Ce qui dénote que la gouvernance dans le domaine devrait se pencher aussi sur l'implémentation des mesures, des stratégies et des mécanismes tendant à réduire les fortes inégalités dans l'accès aux soins et aux produits sanitaires (médicaments, vaccins et autres). Des analyses récentes de la commission du journal Lancet sur "Global Health 2035" montrant que la gouvernance mondiale est confrontée encore aux questions d'équité, d'égalité et de droits humains, convergent avec ce point dans la mesure où "la mortalité évitable est concentrée dans les régions rurales pauvres et le fait qu'environ 70% des pauvres du monde vivent maintenant dans les pays à revenu intermédiaire plutôt que dans les pays à revenu faible, l'atteinte de la grande convergence exigera de l'attention axée sur les groupes à revenu faible dans les sub-régions des pays à revenu intermédiaire et les populations dans les pays à revenu faible[28]. D'autres groupes marginaux existant également dans les pays industrialisés comme les non-assurés et catégories socio-professionnelles vulnérables, ne devraient pas rester en marge de la nouvelle donne de gouvernance à impulser dans le domaine de la santé globale.

Comme avancé au début de ce paragraphe consacré aux défis en rapport avec la gouvernance sanitaire mondiale, la complexité et la ramification des déterminants, des enjeux en cours dans ce domaine font qu'il y a une forte nécessité d'engager des réformes difficiles mais consensuelles au bénéfice de la population globale car les solutions ne peuvent venir du seul secteur de la santé ni des seules institutions gouvernant la santé globale. Ce qui ne semble pas dire que les institutions mandatées à l'échelle internationale ne devraient pas se battre davantage pour se repositionner dans la défense des champs d'intervention relevant purement et simplement de leurs propres juridictions. "Il est donc essentiel que les décideurs politiques doivent acquérir des compétences nécessaires en négociation pour faire progresser l'agenda de la santé[56]".

C'est pourquoi au-delà des considérations concernant les menaces qui transcendent les frontières (par ex. les maladies transmissibles et les pollutions transfrontalières), les défis englobent maintenant les risques sanitaires additionnels des maladies transmissibles et non transmissibles, des problèmes liés aux infrastructures sanitaires (tels que l'eau et assainissement, surveillance et les capacités de réponse, des systèmes de soins de santé) et la détérioration des déterminants sociaux de la santé[58]". Tout est un tas de défis qui demandent à faire participer les différents acteurs outre les principaux évoluant dans le domaine, les facteurs à la fois endogènes et exogènes affectant le secteur-santé étant nombreux et variés.

Il est d'une preuve évidente aujourd'hui pour l'Organisation Mondiale de la Santé et les différents partenaires évoluant dans le domaine de la santé globale que des problèmes cruciaux restent à relever quant à un certain nombre de cibles fixées dans le cadre des OMD axés sur la santé, ce qui pousse la plupart des analystes à se pencher déjà sur les objectifs futurs de développement durable et de couverture sanitaire universelle à mettre en place dont le secteur de la santé continuera à occuper une place centrale au regard du niveau des progrès par endroits et de l'émergence de nouvelles menaces mondiales comme les maladies transmissibles dans les pays en développement (Virus Ebola par exemple), les questions de paix et de sécurité internationale ayant un impact fort sur la santé, de croissance économique, de développement durable avec un accent sur la conservation des conditions climatiques, de la production agricole pour une autosuffisance alimentaire à l'échelle mondiale etc..

Dans ce même ordre d'idées, la commission Lancet sur la santé globale souligne qu'en plus de la propagation globale des facteurs de risque des maladies cardiovasculaires ("particulièrement l'augmentation rapide de la prévalence de l'utilisation du tabac et de la consommation des aliments de valeur énergétique et des boissons gazeuses[28], des facteurs comme "la migration des professionnels de santé des pays à revenu faible et intermédiaire contribuent à affaiblir les systèmes de santé[28].

En réalité, ces sujets dépassent la seule responsabilité des gouvernements des pays d'où partent les professionnels par le fait qu'ils sont souvent attirés par des politiques migratoires économiquement avantageuses mises en place par les grands Etats pour répondre aux déficits internes de la main-d'œuvre qualifiée dans certains des secteurs clés de la santé. Ils ne peuvent trouver donc leur solution qu'à travers l'adoption des solutions consensuelles ou d'approches globales de développement et d'équité dans la répartition des ressources humaines qualifiées pour répondre aux défis de la santé globale.

Il en de même que pour les effets du changement climatique sur la santé globale "à moins que des mesures contraignantes soient prises, le fardeau de la mortalité consécutive à une ré-émergence des maladies infectieuses transmises par les vecteurs et des maladies hydriques est probable d'augmenter à cause de ces effets du changement climatique global. Il y a des preuves suffisantes de ce que pourrait apporter ce changement sur l'état de santé des populations en termes de conséquences. "Les autres conséquences du changement climatique et de la biodégradation de l'environnement risqueraient d'augmenter la quantité d'eau et l'insécurité alimentaire, des événements climatiques extrêmes, des déplacements des populations et la vulnérabilité des habitats des humains. Comme souligne le rapport sur le développement global (WDR 1993), les sociétés qui souffriront moins de ces changements globaux sont ceux les mieux nantis[28]" à cause des mesures efficaces d'alerte et de réponse aux effets de ces phénomènes.

Devant le désarroi de la situation actuelle et à cause des rapports de forces des différents groupes de lobbies évoluant autour du secteur et le manque de moyens financiers adéquats pour faire face à certaines de grandes priorités internationales, la Directrice Générale de l'Organisation Mondiale de la Santé (Margaret Chan) a affirmé elle même que" les défis confrontés à la santé publique et le contexte très large dans lequel nous nous battons, sont devenus trop nombreux et complexes qu'ils dépassent le cadre normal des affaires comme une approche habituelle[56]". La reconnaissance des défis par les plus hautes autorités des instances dirigeantes de l'institution en charge des questions sanitaires internationales suscite des interrogations de la part des uns et des autres quant à la nouvelle vision à impulser à l'Organisation en vue de faire converger la panoplie d'acteurs évoluant à ses côtés pour l'atteinte des objectifs communs qui seront fixés dans le cadre de la couverture sanitaire universelle malgré leurs divergences sur certaines questions cruciales.

En plus, des déséquilibres criards en termes de financement de la santé globale pour produire des biens publics mondiaux (médicaments, vaccins, produits biologiques, équipements à usage médicaux...) nécessaires à l'atteinte des grandes options politiques qui seront adoptées dans le post-OMD font grincer les dents aujourd'hui dans tous les Etats du monde au regard de la rareté des ressources financières depuis la dernière crise économique survenue en 2008 et dont les effets continuent toujours sur certaines économies en général ainsi que sur leurs systèmes de santé.

Si cette question est une réalité à ne pas occulter, comment réduire la proportion importante des dépenses de santé supportées par les populations en mobilisant plus de recettes publiques à travers la mise en place de nouveaux mécanismes de collecte en plus de celles existantes ; de mise en commun des ressources pour faire face à "presque 150 millions de personnes qui souffrent de dépenses catastrophiques chaque année à cause des dépenses médicales[28]", occupera certainement une place centrale dans les nouvelles approches de gouvernance sanitaire mondiale. L'accroissement des investissements à travers l'adoption d'une approche holistique des systèmes de santé malgré qu'encore incertaine dans beaucoup de pays, parait l'approche la plus plausible pour consolider les avantages déjà obtenus dans l'atteinte des OMD.

En bref, la complexité des questions à résoudre couplée à la pluralité et à la multiplication des acteurs sur le terrain font qu'aujourd'hui "les considérations globales dans la gouvernance sanitaire mondiale listées par Pannenborg en 1979 continuent toujours de persister[59]" avec l'adjonction d'ailleurs de nouveaux défis qu'il faudra aborder ensemble à travers un nouvel élan de leadership et de gouvernance mondiale en santé globale.

II.10. Défis concernant la viabilité des systèmes de santé vers la couverture universelle

Les affaires courantes en santé (prestation de soins de meilleure qualité, financement de la santé, atteinte des couches défavorisées et vulnérables, satisfaction des patients...) étant devenues de plus en plus contraignantes autant pour les politiques des pays que pour les dirigeants des grandes instances de décisions à l'échelle mondiale, les systèmes de santé en général et surtout ceux dans les pays à revenu faible et intermédiaire ne pourront survivre face à la complexité des grands et nombreux défis évoqués dans le domaine de la gouvernance sanitaire mondiale qu'à travers la mise en place des cadres de réflexions intégrées au sein des départements ministériels de la santé, des agences du Système des Nations Unies (intervenant directement ou non dans le domaine de la santé globale), des organisations de la société civile en pleine mutation, des organismes et fondations philanthropiques, des académies de sciences, des industries pharmaceutiques et d'autres importants bailleurs de fonds et partenaires. Ces cadres de réflexions au niveau des instances internationales à commencer par l'OMS, mandatée pour l'application des règlements sanitaires internationaux, devraient se pencher sur le développement d'approches innovantes dans tous les sub-secteurs du système de santé global à mettre en place pour affronter les grands manquements dans l'atteinte des Objectifs du Millénaire pour le Développement (OMD) dont la date butoir est sous les yeux des principaux acteurs concernés.

D'abord, il est important de reconnaître que "des obstacles critiques entravant le progrès vers la découverte de solutions importantes en santé mondiale peuvent surgir en tout point du processus d'innovation, allant de la découverte jusqu'à l'application et au déploiement à grande échelle[10]. Des réflexions structurées et des initiatives sont en cours dans la plupart des pays et au niveau des grands acteurs évoluant dans le domaine pour créer des réformes plus profondes au sein des différentes composantes des systèmes de santé en vue de saisir les opportunités actuelles et futures en termes d'innovations.

"La recherche et l'innovation sont essentielles pour l'amélioration de la santé des populations et pour sauver des vies humaines[60]". Si ces deux points sont reconnus comme essentiels pour trouver des solutions aux problèmes émergents en santé globale, le second qui est une question transversale, prend de plus en plus de l'ampleur au regard du nombre croissant de défis à résoudre par la communauté sanitaire internationale et de la difficulté des pays à mobiliser et allouer plus de fonds pour permettre l'atteinte des objectifs globaux fixés ; les innovations devenant en ce moment des mesures, des axes stratégiques phares pour plus d'efficience et d'efficacité dans la gestion des systèmes de santé.

Comme l'estiment certains acteurs évoluant sur le champ, "l'idée pourrait englober le développement et le déploiement des produits et/ou services le long du spectre de la santé globale, y compris la découverte de médicaments, le développement des vaccins, des méthodes de diagnostics médicaux et d'éducation sanitaire, la santé maternelle et infantile, les maladies non transmissibles (y compris les cancers et la santé mentale), les conditions sanitaires liées à l'eau et à l'assainissement de l'environnement de vie et les caractéristiques sanitaires liées à l'agriculture et à la nutrition[61]. Il en est de même pour des approches communautaires innovantes pour aborder d'autres déterminants environnementaux et sociaux. La mise en place de certains programmes de prévention dont l'objectif est d'atteindre une franche importante de la population en utilisant les nouveaux moyens mis à la disposition du grand public ou à travers le développement de partenariats entre différents secteurs continuent à être le champ de vastes domaines de recherche et d'innovations. Ce qui semble dire que les méthodes innovantes à promouvoir dans le domaine de la santé globale, ne peuvent s'accentuer seulement sur un seul sub-secteur du système de santé global comme celui relatif au développement des médicaments, vaccins et autres produits biologiques malgré qu'il occupe une place importante dans la prévention et le traitement des maladies. "Il est clair que les innovations doivent être explorées dans un contexte plus large, un des premiers aspects examinant auparavant des opportunités sous-exploitées dans les champs comme les analyses des données, le comportement des consommateurs, les incitations des prestataires et les procédures d'amélioration dans la prestation des services[62]".

En plus, des initiatives de partenariats entre différents acteurs à travers l'adoption d'approches innovantes locales, ont permis de rendre reluisants des indicateurs en agissant sur certains des déterminants cruciaux de la santé. "Au Liban, par exemple, de telles collaborations ont joué un rôle déterminant par rapport aux avancées de la politique dans le domaine de la qualité de l'air et l'implication des académies travaillant avec des experts en communication ayant des contacts solides avec des médias locaux et experts audacieux, des techniques de confrontation en plaidoyer tels que les actions de mobilisations éclaires et directes[63].

Malgré que les bonnes initiatives n'en finissent pas d'être développées dans différentes parties du monde et au regard de la forte charge encore imputable à certaines maladies, l'on ne peut se tromper de promouvoir ce domaine aussi passionnant en santé globale en vue d'une convergence rapide des Etats dans l'offre des services de meilleure qualité et offerts à temps et au moment voulu. La mise à grande échelle de ces innovations produites par des industries pharmaceutiques et autres impliquées dans la production des produits à usage médical ainsi que des stratégies et interventions à adopter et basées sur les preuves, à travers une véritable décentralisation au sein des communautés à la base constitue une des réelles préoccupations si l'on veut offrir des services abordables et accessibles aux patients partout où les besoins se font sentir et dans le temps.

Puisque "l'architecture de la santé globale a profondément évolué ces dernières années[64]", la viabilité des systèmes de santé demande une certaine cohérence des actions à travers une standardisation des politiques à implémenter dans le cadre des innovations car l'adoption de chaque méthode nouvelle en termes de thérapies, de prévention ou de la mise à disposition des équipements peut avoir des conséquences positives ou négatives sur l'évolution fulgurante des systèmes de santé.

Raison pour laquelle et selon le Dr Peter A. Singer, président-directeur général de Grands Défis Canada, "l'innovation est le moteur du développement, menant à un meilleur état de santé et à plus d'emplois. C'est l'une des plus importantes filières d'innovations en santé mondiale dans le monde à l'heure actuelle[65]". Ce qui doit pousser davantage les acteurs à tous les niveaux pour plus de persévérances dans ce domaine aussi passionnant pour disposer des différentes formes de procédés, procédures, possibilités, approches, stratégies, interventions et de ressources (humaines, matérielles et financières) à tous les niveaux et plus proches des populations à la base. Ces innovations constituent autant de raisons au vu et au su des principaux acteurs de continuer à explorer d'autres domaines non encore exploités en vue de développer des actions tendant à répondre aux problèmes croissants de santé de la population mondiale.

Pour appuyer ces points de vue, dans certains pays à revenu faible et intermédiaire, "plusieurs responsables d'exécution de programmes et décideurs politiques sont en train d'explorer l'étendue à laquelle e-santé et m-santé (désignation faisant seulement référence à e-santé) peuvent aider à aborder les défis face aux marchés caractérisés par des contraintes de ressources dans le domaine de la santé en termes de disponibilité, de qualité et de financement des soins[66]". Certes, le niveau de preuves par rapport à l'utilisation de ces approches innovantes reste encore faible surtout dans les pays en développement à cause de leur retard sur les pays industrialisés dans ce domaine laissant donc le choix à ces pays à plus privilégier des partenariats solides pour faire face ensemble aux nombreux défis qui assaillent les systèmes de santé en quête de moyens pour faire face à la demande croissante des populations dans une grande partie du monde.

Concernant le marché des ressources humaines dont les acteurs ne font aucun doute aujourd'hui par rapport au déficit global surtout dans les régions en développement, les conclusions d'une étude menée par **Uneke** et al en 2007 au Nigéria mettent l'accent sur un certain nombre d'interventions innovantes locales permettant d'avancer vers l'atteinte des objectifs universels et focalisées sur les régions rurales et les zones très éloignées malgré qu'il existe encore des grands fossés à combler dans ce grand pays émergent en termes d'une meilleure gouvernance en santé. "Ces types d'interventions pourraient inclure : des réformes dans les études médicales qui stipulent une allocation spéciale du quota d'admission aux candidats venant des régions rurales à la faculté de Médecine de l'Université Etatique et l'installation des institutions tertiaires des sciences de la santé dans les régions rurales ; l'offre d'habitations pour les professionnels de santé dans les régions moins servies ; des services de formation et des opportunités de développement de carrière ; des subventions pour les frais d'études et de transport dans le cadre des services en rapport avec la formation ; surmonter les paiements des régions rurales et peu desservies ; utilisation des professionnels chômeurs et retraités : extension de la procédure de recrutement et de contractualisation ; la mise à grande échelle et l'ajustement des mélanges de compétences des services d'avant-formation ; le recrutement et la formation rurale ; utilisation des travailleurs de santé communautaire et nouveaux cadres de professionnels de santé[67]". Ces innovations axées sur des interventions tendant à résoudre les préoccupations de disponibilité locale des ressources humaines qualifiées à différents niveaux et expérimentées dans d'autres régions du monde en proie aux déserts sanitaires ne sont pas à sous-estimer pour répondre à certaines des questions cruciales de la problématique de la santé globale ; l'objectif des Etats et de leurs partenaires au développement (techniques et financiers) étant de créer ou d'opter pour toutes les situations possibles tendant à créer un cadre pouvant offrir l'accessibilité pour les populations qui en ont besoin, des services de meilleure qualité et aux coûts abordables.

A propos de certaines des innovations technologiques dans le domaine de la santé, certains acteurs optent pour une approche intégrée dans le développement des initiatives. Certes des questions conjoncturelles surtout locales restent encore à résoudre pour la mise à grande échelle de certaines techniques et comment les adapter à certaines situations ou contextes.

Si par définition, "l'innovation intégrée est l'application coordonnée d'innovations scientifiques, technologiques, sociales et commerciales en vue de concevoir des solutions aux défis complexes[65]", certes pour une meilleure approche d'aborder les questions de santé globale, toutes les composantes de son cadre d'analyse doivent être explorées pour produire des niveaux de preuves évidentes sur des stratégies et interventions permettant la mise à grande échelle des services de santé.

Partant de ce principe et en plus des innovations scientifiques axées sur le grand champ des médicaments, vaccins et d'autres produits biologiques, l'utilisation des technologies nouvelles dans les méthodes, procédés et procédures de dépistage des maladies ainsi que leur prise en charge prend de plus en plus de l'ampleur dans certaines parties du monde malgré que le niveau d'évidence reste encore faible. Par exemple, "la croissance dans l'utilisation des téléphones portables a conduit à des innovations nouvelles telles que le système bancaire mobile, la diffusion de masse des informations concernant la santé et le marché et la vérification de l'authenticité des médicaments[68]".

Mais ce n'est pas le seul domaine de pertinence car les technologies sont maintenant d'utilisation courante dans d'autres domaines permettant de répondre à certaines difficultés surtout en termes d'accessibilité géographique. Dans ce domaine, "deux technologies sont pratiquement disponibles pour la collection automatique des données sur les téléphones portables standards : réponse vocale interactive (en anglais interactive voice response-IVR) et le service de messages succincts (SMS)[68]". Ces technologies jouent aujourd'hui un rôle tendant à faciliter les grands manquements dans la procédure habituelle de collecte des données à différents niveaux des systèmes de santé. Elles ont contribué à améliorer certaines procédures de prise en charge comme l'observance dans le cadre des maladies à forte charge sociale. Concernant le volet social, "plusieurs programmes axés sur le VIH/SIDA sont en train d'explorer actuellement le marché des technologies en santé pour la collecte des données et l'appui algorithmique, essentiellement à travers les agents de santé communautaires[68]"; les défis étant liés à la prestation des services de meilleure qualité et leur mise à grande échelle.

Malgré l'avantage que la communauté sanitaire internationale peut tirer de ces innovations dans différents domaines technologiques surtout pour répondre aux questions d'efficacité et d'efficience, les domaines dans lesquels, elles peuvent être exploitées, sont nombreux au regard des connaissances disponibles dans certains pays industrialisés avancés sur le champ contrairement aux pays en développement.

"Compte tenu de l'évolution des nouvelles technologies et du développement économique continu de l'Afrique, **Jeffrey Sachs** croit que l'agenda des Nations Unies dans le post-2015 devrait inclure des objectifs qui sont évidemment plus ambitieux que les OMD : la fin de la pauvreté et l'élimination effective des maladies transmissible d'ici 2030 et pour cet expert, les domaines d'application de ces nouvelles innovations notamment la téléphonie mobile concerneront : accès aux urgences médicales et la réponse aux désastres naturels ; la télémédecine ; le scanner et l'imagerie ; des modèles de diagnostics à base communautaire, y compris les Smartphone-montés sur les microscopes à lentilles avec assez de grossissement pour diagnostiquer les infections communes ; le monitoring des patients y compris l'auto-surveillance des patients et d'autres techniques de rétroaction biologique ; des formations en ligne ; la séquence génétique ; des moyens logistiques et de la chaîne d'approvisionnement et les paiements électroniques[69]".

Les défis concerneront à la fois la standardisation à propos des différentes étapes de leur mise à grande échelle allant de leur production à leur commercialisation ainsi que l'accessibilité par les prestataires et les patients à certaines techniques essentielles.

En outre, des mécanismes nouveaux et innovants de financements à l'échelle internationale, le nombre et le type d'acteurs travaillant dans le domaine de l'aide au développement et de l'aide d'urgence ne cessent d'augmenter. "Parmi les nouveaux acteurs figurent des fondations philanthropiques, des entreprises privées, de nouveaux donateurs bilatéraux, tels que les pays du bloc BRIC (Brésil, Russie, Inde et Chine), mais aussi des groupes de la société civile qui se mobilisent en faveur d'une plus grande participation de la société civile et d'une meilleure efficacité de la nouvelle architecture de santé globale. Cette nouvelle donne encourage l'innovation et la mise à disposition de nouvelles ressources, mais présente aussi le risque d'une plus grande fragmentation[64]".

C'est dans ce cadre qu'une étude effectuée sur un certain nombre de pays à revenu faible et intermédiaire par **Lewis Trevor et al en 2012**, a cherché a identifié en plus des différentes technologies utilisées dans le domaine de la santé globale comme des appareils, des outils pour la communication, les principaux objectifs pour lesquels, les programmes de santé utilisent les technologies de l'information et de la communication et il s'agit entre autres :" extension de la couverture géographique, faciliter la communication avec les parents (éducation générale en santé, encourager l'observance des patients, adaptation des soins d'urgence, protection de la vie privée des patients), amélioration du diagnostic et du traitement, amélioration de la gestion des données, rationalisation des transactions financières, limiter les fraudes et les abus et les autres comprennent le fait de surmonter les barrières ou les appels technologiques, attirer plus de patients et une meilleure attention.

Au regard de ces différents objectifs pour lesquels, ces technologies sont utilisées et les changements importants qu'ils pourront apporter dans le domaine de la santé globale non seulement en termes d'innovations mais en termes de création d'opportunités afin de combler certains déficits ou grands manquements en termes d'inégalités dans l'accès aux services de santé de meilleure qualité (accessibilité géographique et mesures rapides et sécurisées de remboursement des frais de soins) ainsi bien que la disponibilité des outils innovants et facilement transportables dans les régions où l'on note encore des taux de couverture très faibles en soins essentiels de santé. Cependant, résoudre l'équation de comment arriver à ces idéaux par les acteurs de la santé globale constitue encore une grande interrogation dans la mesure où "ils peuvent être entravées par le recours persistant sur le financement des bailleurs de fonds, qui soulignent la nécessité pour une transition éventuelle aux sources de revenus alternatifs et diversifiés (par ex. contrats gouvernementaux, assurances ou payements directs venant des consommateurs) pour la mise à l'échelle des programmes. En outre, il semble plus difficile d'adapter une organisation existante à une technologie donnée que de construire une organisation avec la technologie à partir d'un point zéro[70]".

Bref, face à cette série de défis devant toute une panoplie d'acteurs de la santé globale dont à la tête l'Organisation Mondiale de la Santé (OMS), il faudra d'abord relever le défi de leur convergence avant d'aborder de façon pragmatique sur le terrain ces véritables défis en termes d'innovations dans divers domaines.

III. PERSPECTIVES EN COURS DANS LE DOMAINE DE LA SANTÉ GLOBALE

Les défis actuels de la santé globale exigent des cadres de concertation à différents niveaux et dans de nombreux domaines relatifs au cadre global d'analyse des systèmes de santé en se penchant sur toutes les différentes composantes à la fois au niveau national et au niveau global. Ce qui permettra certainement de les aborder sous plusieurs angles, de différents points de vue en termes de perspectives au niveau international, sous-régional et local malgré que l'approche multisectorielle paraisse aujourd'hui, la voie la plus sûre pour une question de viabilité des systèmes de santé. Les principaux acteurs de la gouvernance sanitaire mondiale devraient avoir alors un rôle crucial à travers l'élaboration des politiques majeures orientées autour des grandes questions qui assaillent les domaines d'intervention prioritaires en santé globale dans l'atteinte des objectifs communs en rapport avec l'agenda de la couverture sanitaire universelle dans la période post-OMD.

La diplomatie sanitaire globale est le domaine central de la gouvernance sanitaire mondiale ; c'est là où les compromis sont trouvés et les accords sont conclus dans les principales instances multilatérales, les nouvelles alliances et dans les accords bilatéraux[71]". Et à travers elle, beaucoup de défis auxquels se trouvent aujourd'hui confrontés les pays dans différents domaines, peuvent trouver leurs réponses à travers une coordination des efforts internationaux axés sur les grandes priorités qui seront retenues pour la période post-OMD. Pour arriver à résoudre des défis communs auxquels les pays se trouvent aujourd'hui confrontés, différents axes prioritaires peuvent être retenues pour bien avancer sur le chemin de l'atteinte des objectifs de la santé globale et asseoir des systèmes solides en termes de viabilité au fil du temps. Comme le pensent certains experts les plus accrédités dans le domaine de la santé globale, "cette décennie est le temps de repenser beaucoup de choses[72]" et cela pour plusieurs raisons allant des questions de paix à celles de la sécurité internationale, du changement climatique, de l'émergence des maladies non transmissibles et des accidents de la circulation dans les pays en développement, de la continuité dans la gestion hospitalière et celle des programmes axés sur les maladies transmissibles, du vieillissement de la population ainsi qu'aux difficultés liées aux questions de mobilisation et de financement des systèmes de santé et leur intégration dans le cadre global de développement des pays. En plus, d'autres grands défis soulevés en rapport avec les différents sub-secteurs des systèmes de santé doivent être abordés en suivant des grandes orientations ou axes prioritaires.

III.1. Quels sont les grands axes à suivre dans le cadre des perspectives nouvelles ?

Les stratégies prioritaires de la politique de santé globale à adopter dans la période post-OMD et devant constituer la grande voie à suivre, peuvent être déclinées en différents axes stratégiques suivants :

III.1.1. Le renforcement de la diplomatie sanitaire (mutation en une diplomatie offensive)

La diplomatie sanitaire globale aura un rôle crucial dans les années d'après la date butoir de l'atteinte des OMD afin de poursuivre les grands progrès déjà réalisés par rapport à certaines cibles ou la définition d'un nouvel agenda au courant de l'année 2015 axé sur les cibles prioritaires des objectifs de la couverture sanitaire universelle et de ceux du développement durable en rapport avec la santé. Si ces préoccupations des acteurs ne sont pas les moindres en vue de renforcer le cadre de définition et d'application des règlements sanitaires internationaux et de l'adoption de politiques et stratégies nouvelles en santé globale, "leur défi commun est de faire tourner un système complexe dans lequel les questions de politiques intérieure et étrangère entrecroisent les lignes du pouvoir et les changements d'influence de façon constante et où les prises de décisions de plus en plus rapides et la maîtrise des négociations sont requises en face des épidémies, des menaces sécuritaires et d'autres questions[71]". De ce point de vue, les grandes priorités à fixer devraient s'opérer à travers une concertation entre les Etats membres de l'Organisation Mondiale de la Santé et les principaux acteurs évoluant dans le domaine avec l'implication effective de tous afin de mieux coordonner les actions internationales pour avancer dans le processus vers l'atteinte des objectifs de la couverture sanitaire universelle. Ce sont des idéaux qui doivent animer chacun des acteurs comme exprimé d'ailleurs par **Nils Daulaire** du département de la santé et des Services humanitaires des Etats-Unis qui a affirmé que c'est "à travers une coopération robuste avec les autres nations et organisations internationales", qu'il sera possible de faire des progrès et "de continuer à travailler pour réduire les risques dc maladies, d'invalidité et de mortalité prématurée pour tous les citoyens et partant de là pour toutes les peuples du monde[73]". C'est une logique que d'autres principaux acteurs accompagnent l'OMS dans ce nouvel élan de gouvernance à impulser aux questions sanitaires internationales mais en réalité, aucune autre institution ne doit et ne peut remplir la mission que l'institution onusienne pour les prises de décisions concernant les grandes orientations politiques majeures ou internationales dans le domaine de la santé globale.

C'est le respect de ce cadre juridique commun à tous les Etats membres qu'"une meilleure santé globale est en faveur de la stabilité et de la croissance, lesquels peuvent entraver la propagation de l'extrémisme, la pression facile pour les migrations, réduire les besoins d'assistance humanitaire et au développement et créer des opportunités pour des alliances politiques fortes et des relations économiques[74]". Un des aspects forts à privilégier par tous les acteurs dans le cadre de la bonne gouvernance et qui doit être véhiculé par les départements en charge de la diplomatie sanitaire, est la mise en place des modèles de partenariats de développement en santé (quel que soit le bloc constructif du système de santé dont le cadre paraît favorable) selon les compétences et les circonstances locales existantes au sein des pays-membres et autres Etats adhérant à la vision de l'Organisation.

Privilégier ces modèles de partenariats devrait être au cœur de la diplomatie sanitaire durant la période post-OMD pour résoudre certains aspects de la gouvernance sanitaire mondiale du fait que les défis restent et demeurent encore énormes et difficiles à aborder par endroits pour des raisons aussi endogènes qu'exogènes.

Le développement de ces modèles de partenariats appuyé par la diplomatie sanitaire permettra d'avancer très vite dans la mise en œuvre des différentes feuilles de route élaborées sur la base du principal agenda qui sera mis en place pour l'atteinte des objectifs de la couverture sanitaire en plus de la forte coopération qui existe déjà entre les pays à travers une panoplie de programmes de recherches, de politiques de financement des projets et programmes et de la production de certains produits médicaux et équipements nécessaires dans la prise en charge des cas et de la prévention des maladies. Ces modèles devraient découler d'un processus basé sur le consensus entre les différentes parties concernées partant de la mise en œuvre des cadres de réflexion profonde et multidisciplinaire sous l'égide ou sous la tutelle de l'Organisation pour des questions de respect des normes, standards, procédures et aspects importants de tels programmes de coopération. L'Organisation Mondiale de la Santé présente presque dans tous les Etats du monde en accord avec les autres partenaires évoluant en santé globale pourra certainement jouer un rôle capital à travers la production de preuves évidentes dans d'autres contextes à propos des procédés, procédures, technologies et techniques qui peuvent être facilement transférables suivant les clauses de la réglementation internationale à mettre en place et le niveau d'avancement des systèmes de santé des pays. "Les initiatives mondiales sont très diverses quant à leur type, leur portée et leur échelle[75]", les meilleures offres étant choisies sur la base de très bons critères et la facilité pour la mise à grande échelle aux bénéfices des populations des pays bénéficiaires comme pour les autres pays. L'adoption des solutions pratiques, efficaces, efficientes et innovantes est capable de faire avancer les choses sur plusieurs plans en termes d'adhésion des communautés dans certaines régions du monde à travers la diplomatie et dont les niveaux de couverture restent encore faibles. Les questions de santé globale concernant tous les Etats, nécessitent de mettre en place des schémas adaptés afin d'atteindre certains groupes de population dans des zones d'accessibilité difficile tendant à réduire les déserts sanitaires et l'on peut se permettre de dire aujourd'hui que la communauté sanitaire internationale dispose une gamme assez variée de produits à échanger entre pays dans le cadre du développement global et de la convergence graduelle des pays ; les stratégies de cette convergence graduelle doivent être au cœur des préoccupations durant la période à travers l'implication d'une diplomatie sanitaire offensive sur le terrain contrairement à celle constatée aujourd'hui basée sur d'autres types de relations, sources d'inégalités dans l'accès aux services de santé.

Un autre aspect important qui doit être au cœur de la diplomatie sanitaire est la problématique liée aux questions de sécurité internationale du fait de son rôle important et prouvé dans le processus du développement des nations, donc de facto, de leurs systèmes de santé. Des accords de paix qui sont un outil important au service de la diplomatie pourront continuer à être utilisés dans des zones de conflits d'intérêts et de tensions sociales en vue de créer un environnement favorable au développement économique avec la mise en place des meilleures conditions de création et de redistribution des richesses, facteur ayant un fort impact sur l'évolution, l'utilisation des systèmes de santé par les populations et une meilleure gestion des cas de catastrophes naturelles et des épidémies à travers la mise en route rapide des systèmes d'alerte et de réponse, une question de fond qui doit rester figurer sur l'agenda des priorités à fixer dans la période post-OMD.

Ces différents points de vue peuvent être consolidés par le fait que les questions de santé globale méritent une grande attention et qu'elles transcendent les frontières nationales, faisant qu'elles ont plus besoin de s'appuyer sur la base d'un accord concerté de la part des principaux acteurs évoluant dans le domaine pour plus d'actions et stratégies cohérentes pouvant répondre à certains de grands défis en matière de santé globale.

III.1.2. Le renforcement des systèmes de santé à travers une approche holistique

A propos de cet axe sur le renforcement des systèmes de santé, il sera d'autant plus primordial pour les acteurs de promouvoir une approche holistique pour consolider les acquis déjà obtenus grâce à la mise en place des programmes et projets prioritaires de santé publique dans les pays que de continuer avec des systèmes disparates entre les programmes verticaux et horizontaux d'un même système de santé. Certes, le processus de renforcement des systèmes de santé dans la période post-OMD, devrait se focaliser sur les six (6) composantes des systèmes à savoir : le leadership dans le cadre d'une meilleure gouvernance politique et institutionnelle, le financement des systèmes de santé à travers la combinaison possible des différents mécanismes, instruments et dispositifs, les ressources humaines formées, qualifiées et motivées ; des systèmes d'approvisionnement et de gestion des médicaments, vaccins et autres produits biologiques et des systèmes d'information et de suivi-évaluation. C'est donc dire en d'autres termes que dans ce contexte de globalisation, renforcer les systèmes de santé, revient donc à saisir des approches nouvelles en termes d'innovations axées sur plusieurs des composantes du système de santé. "Toutefois, pour que les modifications apportées aient un caractère durable, il est essentiel que des professionnels de la santé bien informés et résolus montrent la voie à suivre[75]", qui n'est d'autre que celle des initiatives mondiales ou internationales pouvant avoir plus d'effets escomptés qu'une approche locale, nationale ou régionale à cause de plusieurs facteurs et élaborées autour d'un consensus sous la tutelle de l'institution en charge de ces questions. C'est la meilleure voie à suivre pour juguler les efforts internationaux à travers une bonne coordination en lieu et place de la fragmentation des actions globales.

En plus, "le monde connaît actuellement un basculement de son ordre du jour en matière de santé mondiale qui voit privilégier le renforcement des systèmes de santé au détriment des approches spécifiques à une maladie[76]". Même, s'il faut reconnaître des apports d'une extrême importance qui ont été déployés dans la mise à grande échelle de certains programmes et projets de santé publique dans les pays à revenu faible et intermédiaire mais la grande question est celle du fonctionnement continu des structures d'accueil une fois que ces programmes et projets arrivent à terme faisant qu'aujourd'hui la quasi-totalité des conseils d'administration des programmes dans le domaine de la santé globale ont initié et encouragé la mise en place d'une composante dédiée au renforcement des systèmes de santé.

En adoptant donc cette approche holistique basée sur une intégration des différentes composantes des systèmes, l'on tend à bâtir des systèmes de santé viables basés sur la refondation des différents blocs constructifs en saisissant les différentes opportunités en termes d'innovations qui se présentent au fil du temps ; ces innovations allant des cas les plus simples d'interventions communautaires aux approches scientifiques et technologiques les plus sophistiquées en médecine clinique. Chercher à embrasser les différentes ressources et avantages pour améliorer la santé de la population globale paraît l'une des approches plausibles allant vers la mise en place des systèmes de santé durables, efficaces et efficients. Une des grandes raisons pour le renforcement des systèmes de santé est de leur préparer à faire face aux maladies transmissibles (maladies cardiovasculaires, mentales...) et aux accidents de la circulation qui commencent à prendre une proportion inquiétante au profit des maladies infectieuses surtout dans les grands pays en développement (avec un accent sur les grands émergents) alors qu'un accent doit être mis sur d'autres types d'approches innovantes allant dans le sens de la viabilité des structures en charge de ces maladies à fortes charges économique et financier sur le dos des Etats à cause de leur chronicité et la durée longue de leur prise en charge. Un autre argument en faveur du renforcement intégré des différents sub-systèmes est la conséquence de l'augmentation graduelle de l'espérance de vie dans la plupart des Etats entraînant une augmentation de la proportion des personnes du troisième âge due aux progrès de la médecine et de ses sciences connexes et dont les soins demandent la mise en place de ces catégories de système. Ces différents points soulevés montrent à suffisance combien de fois, le renforcement intégré des différents services doit primer sur une approche basée sur les programmes spécifiques axés sur les maladies. Les nouvelles approches en termes de perspectives à mettre en place pour affronter les grands défis dans le cadre du renforcement des systèmes de santé, sont devenues des sujets de débat d'actualité et d'échange entre les différents acteurs évoluant dans le domaine de la santé.

"Cependant, malgré qu'il est d'un impératif pour les industries de chercher de nouvelles thérapies pour les maladies frappant les pauvres, les retours sur investissements financiers sont souvent perçus comme limités[77]". L'évolution des économies de certains pays est fort probable d'appuyer un changement dans l'ordre de ces idées en se dirigeant vers de nouveaux modèles de partenariats afin de couvrir le tiers de la population mondiale par exemple en médicaments essentiels et autres soins de base.

Ce qui fait qu'aujourd'hui, "les industries pharmaceutiques et le secteur public sont en train de penser de façon différente qu'avant à propos du comment, améliorer l'accès aux médicaments et faire avancer la recherche et le développement pour les maladies négligées[77]". Donc à travers ces nouvelles idées et réflexions émergentes soulevées, "les secteurs publique et privé doivent travailler ensemble pour développer une large gamme d'instruments innovants, de partenariats et d'approches[77]" au sein des pays aptes à négocier de tels modèles de stratégies de développement et du renforcement des systèmes de santé. La diversification de ces modèles de partenariats axés sur les différents blocs des systèmes de santé doivent constituer des atouts forts en termes de perspectives pour faire avancer les pays vers l'atteinte des objectifs de la couverture sanitaire universelle.

Comme stipulé plus haut, l'approche intégrée des systèmes de santé demandera dans la période post-OMD, des approches innovantes comme des schémas de coopération trilatérale proposée par certains acteurs comme le Brésil, "dans lesquels plus deux pays acceptent de travailler ensemble pour aborder les défis de santé en termes de partenariat avec un troisième pays, considéré comme pays hôte[78]". Cette logique peut être fondamentale pour les différents Etats comme l'on commence d'ailleurs à observer dans les pays émergents afin de combler certains manquements dans la bonne coordination des efforts en faveur de l'établissement d'un cadre propice de développement et de la durabilité des systèmes de santé en plus des bonnes initiatives déjà existantes au service des principaux acteurs de la coopération internationale dans le domaine de la santé, par le fait que les questions sanitaires internationales transcendent les frontières communes des pays. "Ces schémas de coopération trilatérale ont pris de l'importance, mais comme les autres initiatives de santé globale, ils doivent être initiés et effectués avec un regard tourné vers la durabilité"; cela n'excluant pas la présence continue d'une organisation de tutelle dans la coordination des actions sanitaires internationales pour l'application des réglementations, procédures et standards internationaux en vue d'une meilleure harmonisation des objectifs, stratégies et interventions et la définition des standards de métrologie des progrès réalisés en termes d'avancement vers l'atteinte des objectifs communs de la couverture sanitaire universelle.

III.1.3. La bonne réglementation des politiques et des accords commerciaux en rapport avec la santé

Aujourd'hui, il faut admettre qu'il y a une nécessité fondamentale de faire changer les donnes de la part des gouvernants et des principaux acteurs de la santé globale à tous les niveaux à propos de la recherche des pistes pour la conformité et la cohérence dans l'application des dispositions réglementaires prises lors des instances internationales de décisions par les agences et institutions spécialisées en la matière. La globalisation en cours dans divers domaines de la vie socio-politique et économique des pays, exige que des textes réglementant certains domaines y compris celui de la santé globale prennent en compte l'évolution actuelle de la transformation et des mutations des différentes sociétés en cours dans différents horizons. C'est une condition sine qua non de paix, de sécurité internationale, de droit humanitaire, d'équité, de bien-être physique et moral réclamée par différents peuples dans différents horizons du monde.

L'Organisation Mondiale de la Santé (OMS), qui est l'institution mandatée à cette mission au sein du Système des Nations Unies en accord bien sûr avec les autres acteurs de la santé globale, doit être appuyée dans ces prises de décisions sur des questions d'intérêts globaux à travers l'adhésion de la quasi-totalité de ses Etats membres et des Etats non-adhérents. Une très forte adhésion des acteurs aux grandes décisions prises lors de ses instances en concert avec les autres et devant ses Etats membres, devraient donner toute la légitimé à ses interventions de veille à l'application stricte des décisions importantes issues de consensus à l'échelle mondiale. C'est une question fondamentale relative à la préservation des vies humaines dans certaines parties du monde aussi bien dans le monde en développement comme dans les nations développées ; les inégalités existent partout dans ce monde face à l'accès aux services essentiels de santé et à l'utilisation de certaines techniques appuyant les professionnels dans les procédures de diagnostic précis des maladies et l'élargissement des fossés entre les différentes couches est parfois sources de frustrations et autres grognes socio-politiques ayant un impact négatif en général sur l'évolution des systèmes de santé et du cadre macro-économique, facteur essentiel d'élargissement fiscal au compte des dépenses publiques et taxes spécifiques allouées.

"L'OMS estime qu'actuellement le tiers de la population mondiale n'a pas accès aux médicaments essentiels et que plus de 50% des habitants des pays pauvres d'Afrique et d'Asie n'ont même pas accès aux médicaments essentiels les plus élémentaires[79]". Bien que dans ces deux régions du monde, l'on note encore une forte charge imputable à la fois aux maladies transmissibles et surtout à celles non transmissibles, les défis en matière d'accès aux services essentiels restent des questions d'actualité dans d'autres parties du monde comme en Amérique Latine, en Europe de l'Est et chez certaines catégories socio-professionnelles défavorisées (non-assurés, migrants, vieilles personnes...) dans les nations les plus industrialisées. Ce qui dénote le degré d'importance à accorder à ces réformes politiques qui devront en partie être axées sur les accords commerciaux concernant la santé et établis entre l'OMS et l'OMC.

"Au regard ce chiffre très élevé de la population mondiale n'ayant pas accès aux ME, des nouvelles dispositions doivent être prises dans le but de faire participer de nouveaux acteurs aptes à s'engager dans cette grande œuvre de production de ces produits au profit de l'amélioration de la couverture globale en médicaments et autres produits[79]"; cela à travers le développement des modèles de partenariat en délivrant des licences obligatoires et en autorisant l'importation parallèle de produits brevetés afin de s'inscrire dans la logique de la souplesse en rapport avec le contenu de la déclaration réaffirmée lors de la conférence de Doha et dans le but de répondre aux déficits criards en médicaments essentiels et autres produits, équipements à usage sanitaire.

Malgré que la Déclaration de Doha sur les accords commerciaux et la santé publique tenue en 2001, donc datant de plus d'une décennie, a aidé à aplanir certains points de divergence entre les différentes parties à propos du contenu de ces accords, il est et restera un devoir de la communauté sanitaire internationale de toujours faire face au tiers de la population mondiale n'ayant pas accès aux médicaments, vaccins et à d'autres types de services essentiels à travers l'adoption de nouvelles mesures supplémentaires souples car beaucoup de choses ont changé depuis cette date à nos jours par rapport au contexte de la santé globale et de l'évolution de l'environnement socio-économique global dans lequel vivent les populations au sein des différents Etats du monde. Certes, il faut déjà reconnaître certaines décisions cruciales telles que la fixation des prix différenciés à travers laquelle, des progrès ont été obtenus par rapport à certaines cibles prioritaires des OMD surtout dans le monde en développement. Evidemment, des exceptions faites dans certains contextes pour répondre à certaines préoccupations d'ordre vital de certaines communautés frappées par certains phénomènes de santé vont dans le sens de la logique exprimée par des experts qui pensent que ces accords entre l'OMC et l'OMS sur le commerce international et la santé publique nécessitent vraiment d'être revus avec la souplesse à travers la force de la diplomatie sanitaire pour réduire les fortes inégalités constatées ça et là en matière de couverture pour certains services essentiels. Les autres déterminants de l'accès aux médicaments peuvent être améliorés à travers l'adoption de méthodes innovantes de gestion rationnelle des médicaments et d'une meilleure adhésion des patients au traitement (une meilleure observance).

A cet effet, les points les plus saillants devant être débattus lors des instances de décisions devraient être axés sur les accords pertinents de l'OMC (des accords OTC, SPS, ADPIC et AGCS…) étant donné que "les accords de l'OMC sont influencés par les questions de santé[79]" et "il a été reconnu à l'OMC que la santé des personnes était "importante au plus haut point[79]".En d'autres termes, la santé et le développement international à travers son moteur commerce international constitue un facteur déterminant des meilleurs états et conditions sanitaires et vice-versa.

Le second groupe d'experts défendant ces accords et s'appuyant sur un contexte épidémiologique à forte prédominance infectieuse, est actuellement en pleine mutation surtout dans les pays en développement avec l'émergence des maladies non transmissibles. Ce qui pose problème aujourd'hui de converger avec ceux qui pensent que "le Règlement Sanitaire International (RSI) est actuellement mis à jour, pour répondre aux nouvelles problématiques de la lutte contre les maladies infectieuses[79]" dans la mesure où ce contexte est en pleine mutation et que la majeure partie des pays sont confrontés au double fardeau ces deux groupes de maladies ou soit aux maladies non transmissibles en termes de charge de morbi-mortalité.

En outre, l'application de ces différents accords en plus d'autres efforts à l'échelle internationale n'ont pas encore permis de réduire les inégalités d'accès même dans les nations développées à plus fortes raisons dans le monde en développement comme il a été d'ailleurs démontré dans la partie défis concernant l'accès aux ME, vaccins et autres produits biologiques. Ces différents arguments et points justifient que la revue de ces accords entre l'OMC, l'OMS et les différents grands groupes de lobbies permettront certainement l'adoption de nouvelles orientations à donner à ces accords dans le but de les cadrer avec les objectifs qui seront fixés et les stratégies nouvelles adoptées dans l'agenda de la couverture sanitaire universelle pour la période post-OMD.

En plus, le renforcement des mesures relatives à la sécurité des produits alimentaires continuera à être au centre des discussions entre les différentes institutions concernées au regard de l'élan du développement économique de certains Etats ; développement économique drainé par une implantation des industries y compris celles alimentaires pour réponde aux préoccupations de l'auto-suffisance alimentaire en plus des grands projets d'aménagements pour tous les peuples. Du fait que les services de contrôle de la qualité des produits alimentaires font faire face à une concurrence déloyale dans la production et l'importation des produits alimentaires dans certaines contrées, de nouvelles mesures supplémentaires devraient être choisies pour renforcer les compétences des services de contrôle mis en place au niveau des différents départements concernés et engagés dans la chaîne de production des aliments (agriculture et élevage, commerce en plus du secteur de la santé) afin de contribuer à la mise en place des dispositifs de surveillance de la qualité des aliments dans le cadre de la prévention des maladies (maladies aiguës et MNT après une longue période d'exposition); ces dernières (MNT) constituant aujourd'hui les premières causes en termes de morbi-mortalité dans le monde.

Par rapport à la lutte contre ces maladies non transmissibles (maladies cardiovasculaires, maladies mentales, cancers…) et en plus du renforcement des mesures préventives contre les accidents de la circulation et de la cohérence des politiques établies entre les deux institutions pour la lutte contre le tabac, un des facteurs essentiels dans leur occurrence avec ses conséquences multiples (facteur étiologique de plusieurs maladies) et les coûts exorbitants liés à la prise en charge de ces maladies occupant le haut de l'échelle dans les nations développées, "les rapports entre les règles de l'OMC et la Convention dépendront de l'orientation que prendront les futures négociations sur cet instrument et de la manière dont ses dispositions seront appliquées par les gouvernements[79]". A ce niveau, si les acteurs veulent réellement infléchir l'augmentation de la charge imputable à ces maladies, des réformes profondes déjà entreprises dans les nations développées, doivent être renforcées au sein des Etats émergents et veiller aussi au développement des entreprises de contrebandes surtout transfrontalières plus nuisibles à la fois pour la santé des citoyens et pour les économies des pays. La panoplie de politiques publiques tendant à augmenter des taxes spécifiques sur les produits dérivés du tabac et autres substances et d'interdiction formelle dans les lieux publics doit être complétée par des interventions à base communautaires pour réduire de façon drastique les effets de ces substances psycho-actives sur la santé des populations.

Penser déjà à un renforcement des structures de santé dans les pays confrontés au double fardeau des maladies transmissibles et non transmissibles doit également figurer au cœur de l'agenda pour la période post-OMD avec un accent sur les interventions à base communautaire (éducation sanitaire, promotion de la santé...) en lieu et place des systèmes de santé tournés seulement vers la prestation des soins curatifs et de réhabilitation.

Les questions environnementales ayant un trait avec le commerce international ont constitué pendant cette dernière décennie, l'une des préoccupations essentielles des organisations internationales et celles de la société civile lors des instances de décisions (forums mondiaux, séminaires, colloques et ateliers) afin de réduire les effets des agissements des hommes sur le cadre de vie. C'est une évidence que la communauté sanitaire internationale est loin d'avoir un consensus avec les autres partenaires surtout les grands Etats pollueurs sur ces questions d'actualité et devant figurer parmi les domaines prioritaires dans les années à venir ; autrement dit des consensus en termes de dispositions pratiques tendant à réduire les effets de certaines substances biologiques, physico-chimiques rejetés par les industries dans l'environnement (par ex. les gaz à effets de serre) et autres facteurs environnementaux issus de la biodégradation de la nature en constituent toujours des priorités. Il le faut car les interactions possibles entre certains de ces facteurs et les modifications organiques et fonctionnelles survenant chez les humains se précisent de jour en jour à travers les conclusions des études scientifiques fondamentales dans les laboratoires scientifiques comme lors des études observationnelles basées sur les populations. Ce qui dénote de la complexité des relations entre le commerce international qui tire ses produits de l'environnement et dont les différentes phases d'exploitation, de la transformation et les politiques qui sous-entendent leur commercialisation participent à créer et aménager des conditions de fortes expositions pour les populations. Pour ces différentes raisons et d'autres non encore élucidées à travers la recherche scientifique, la levée des obstacles au commerce pour les technologies "vertes" modernes et les fournisseurs de biens et services environnementaux peut être bénéfique à la fois pour l'environnement et la santé ; cette logique devrait s'inscrire en faveur des nouvelles mesures additionnelles à mettre en place à travers des modèles de partenariats focalisés sur la métrologie des facteurs en vue de la préservation de l'environnement. C'est une question qui doit rester parmi les grandes thématiques à aborder dans la période post-OMD afin de trouver des points communs si l'on veut vraiment avancer ensemble vers l'atteinte des objectifs communs de la couverture sanitaire universelle. Donc, il demeure essentiel d'appliquer des politiques environnementales bien conçues et "la libéralisation des échanges pour les exportations des pays en développement ainsi que les transferts de capitaux et de technologies peuvent aider ces pays à créer des ressources pour protéger l'environnement et aller vers un développement durable[79]". Ensuite, il doit y avoir une nécessité absolue d'une véritable cohérence entre les accords environnementaux multilatéraux (AEM), les politiques commerciales et le règlement sanitaire international.

Les intérêts accordés ces derniers temps à la médecine traditionnelle pendant les rencontres scientifiques et à travers le financement de certains projets de recherche dans certaines académies de recherche surtout dans les pays en développement font que cette nouvelle branche de la médecine commence a attiré l'attention de certains acteurs et populations surtout à cause des succès obtenus à travers l'usage de certains des produits développés sur la base des résultats de recherche dans ce domaine. C'est une option parmi tant d'autres à explorer pour faire face aux patients qui n'acquièrent pas leur soulagement et leur bien-être physique, social ou psychologique à travers les avantages énormes de la médecine moderne et des biotechnologies disponibles en fonction du niveau de développement des pays. Des modèles de coopération ou de partenariats peuvent être explorés aussi dans ce sens entre les laboratoires scientifiques des différentes régions du monde. Les intérêts portés par des laboratoires de recherche sur des feuilles de l'Armoise annuelle ont conduit à la mise au point après un long processus des combinaisons thérapeutiques à base d'artemisine (CTA) actuellement utilisés dans la prise en charge du paludisme dans la plupart des pays endémiques pour répondre à la préoccupation de la résistance des patients à d'autres produits médicamenteux. Certes, le paludisme constitue encore un problème important de santé publique surtout dans les pays endémiques situés pour la plupart en Afrique et en Asie du Sud-Est à cause de son poids économique sur le dos des familles et des communautés entières dans ces régions poussant aujourd'hui d'autres acteurs évoluant dans le domaine à développer des initiatives pour la mise au point des vaccins contre cette maladie et contre la pandémie du siècle, c'est-à-dire le VIH/Sida. Une fois que ces initiatives aboutiront ou verront le jour, celles-ci contribueront à changer de façon radicale la situation épidémiologique des régions endémiques et fortement touchées par ces deux fléaux mondiaux.

Avec le développement de tous ces types de thérapies nouvelles en plus de la gamme existante sous forme de ME ou de spécialités, une franche de la population mondiale trouve leur soulagement dans l'utilisation et l'usage des produits dérivés des plantes médicinales et différents facteurs semblent avoir confortés cette situation. Il s'agit entre autres : des difficultés liées à l'accès aux médicaments essentiels, les coûts exorbitants des produits pharmaceutiques surtout les spécialités, les prix élevés de certains médicaments essentiels poussant une franche importante de la population mondiale à franchir le cap de dépenses catastrophiques, la faiblesse des services de promotion de la santé publique dans d'autres parties pour lever certaines barrières et montrer les avantages des produits pharmaceutiques. Ce qui dénote l'importance de la continuité de la collaboration entre les experts de la médecine moderne et des théoriciens de cette médecine traditionnelle, qui est en train de prendre une proportion importante dans certains pays dans le but de comprendre les effets escomptés des plantes qu'ils utilisent dans leurs pratiques au bénéfice de la population globale car "la connaissance des plantes médicinales et de leurs propriétés curatives s'est enrichie au fil des siècles. De larges couches de la population continuent à en dépendre dans les pays en développement, tandis que la demande s'accroît parmi les habitants des pays industrialisés, ce qui entraîne une croissance du commerce international des médicaments à base de plantes. Comme la valeur économique et commerciale des connaissances relatives à la médecine traditionnelle et aux plantes médicinales augmente, on se préoccupe de plus en plus de les protéger et de faire en sorte que les avantages qui en découlent soient équitablement partagés[79]". Une des perspectives moins onéreuses à ne pas occulter dans la mise en place des objectifs de l'agenda qui sera établi pour la période post-OMD et cadré sur l'atteinte des objectifs de la Couverture Sanitaire Universelle.

Toutes ces différentes raisons évoquées ci-dessus nécessitent que les différentes préoccupations des uns et des autres soient revues par des assises de grande primauté à travers l'adoption de consensus politiques entre ces deux principales institutions (OMS et OMC) et d'autres acteurs impliqués dans ces différents domaines suscités afin de trouver de nouveaux terrains d'attente à travers la redéfinition de certains articles et préambules des différents accords internationaux signés par leurs Etats membres de ces différentes organisations.

III.1.4. La réduction des inégalités à travers le renforcement du dispositif institutionnel

Les inégalités observées dans l'accès aux services essentiels par différentes couches de la population se trouvant dans différents contextes (pays à revenus faible et intermédiaire et des couches socio-professionnelles et vulnérables dans les nations développées) doivent continuer à attirer l'attention de la communauté sanitaire internationale si l'on veut réellement s'engager sur la voie d'une couverture sanitaire universelle dans la période post-OMD car il est admis que certains des principaux objectifs ne seront pas du tout atteignables par un grand nombre de pays et au sein des Etats pour certains groupes spécifiques avant la date butoir fixée pour l'année 2015. C'est le point de vue de plusieurs experts internationaux ayant travaillé dans les programmes et projets axés sur ces objectifs et ayant participé aux différents programmes d'évaluation à différentes phases de l'évolution des progrès déjà obtenus et concernant ces objectifs globaux ; alors qu'en réalité d'immenses fossés existent encore entre les différents niveaux du globe et au sein des Etats et constituant des obstacles sur le chemin de la Couverture Sanitaire Universelle.

Pour répondre à ces inégalités croissantes par endroits dans l'accès aux services essentiels et auxquels les systèmes sont confrontés, plusieurs mécanismes, dispositifs, schémas et modèles institutionnels ont été mis en place par les partenaires à différents niveaux et connu sous l'appellation d'initiatives globales de santé en plus de l'Agence Onusienne mandatée à cet effet. En termes de consolidation de l'aspect institutionnel du système de santé globale, les analyses, réflexions et les conclusions d'études sur la valeur ajoutée de ces initiatives mondiales axées pour la plupart sur des maladies spécifiques font l'objet de beaucoup de controverses ou contradictions au niveau international malgré que la définition d'un système de santé telle que proposée par l'OMS devrait normalement être en faveur de telles initiales si elles avaient toutes comme intention première, de promouvoir et de maintenir la santé des populations. Mais le constat aujourd'hui est que certains des nouveaux modèles, dispositifs ont entraîné un nouvel défi qui est celui de la difficulté de coordination des efforts et la définition d'un cadre global pouvant relier les effets de chacune des initiatives aux principaux résultats actuellement obtenus dans l'atteinte des OMD. La réduction des inégalités dans le domaine de la santé globale passera forcement à donner plus de crédibilité à l'institution mandatée à cet effet par les Etats, l'Organisation Mondiale de la Santé (OMS) pour qu'elle se prononce de façon claire, sûre, raisonnable et prouvée par rapport au niveau d'inégalités existantes, basées sur la production des preuves évidentes et des actions coordonnées à exécuter pour réduire ces inégalités dans les régions concernées et focalisées sur les populations cibles. Un autre aspect qui caractérise la santé globale est de privilégier certaines zones par rapport à d'autres en termes de partenariats et de mise à grande échelle d'interventions coût-efficaces et efficientes et d'allocation des ressources mobilisées à l'échelle internationale pour diverses raisons et motivations qui sous-tendent les critères d'allocation des ressources dans le cadre de l'aide publique dédiée à la santé. Ces aspects concernent aussi le financement des modèles de partenariats et ne tendent pas à réduire fortement ces inégalités constatées dans le cadre des avancées palpables pour l'atteinte des objectifs de la couverture sanitaire universelle en raison du fait de prioriser certains zones par rapport à d'autres, étant toutes partie intégrante du contexte du système global à consolider dans le cadre de la couverture sanitaire universelle. C'est une réalité difficile à digérer dont l'OMS seule, n'a pas les moyens de résoudre et qui exigent la participation de tous ceux qui sont intéressés par ces questions d'inégalités à travers le monde et au sein des pays pour les différentes catégories socio-professionnelles de la population où qu'elles se trouvent. Raison pour laquelle, le partenariat avec d'autres grands acteurs sur la scène internationale ne peut être considéré en soi comme un problème si les grandes orientations politiques à l'échelle internationale découlent d'un consensus entre l'institution mandatée (OMS) et les autres acteurs comme les autres agences du Système de Nations Unies évoluant dans le domaine de la Santé ou dans un domaine connexe, les grandes institutions étatiques au service de la diplomatie sanitaire, des organisations de la société civile et autres partenaires car la santé globale est une question collective qui mérite d'être abordée sous un même toit en présence des principaux acteurs de l'agence mandatée. Cette vision pensée au début de la création de cette organisation par ses Etats membres doit être renouvelée au plus haut niveau de la gouvernance sanitaire mondiale afin que l'organisation parvienne en accord avec les autres acteurs à coordonner les interventions internationales auprès des Etats et au sein des Etats auprès des populations à travers l'appui technique apporté aux départements ministériels et autres acteurs évoluant sur le terrain. Les axes forts à mettre à œuvre pour réduire les fortes inégalités à l'échelle mondiale trouveront leur sens que dans l'adoption des choix politiques consensuels au regard de la complexité et de la diversité des acteurs sur le terrain entraînant parfois une duplication des interventions dans une même région alors que des besoins énormes et basiques sont au contraire nécessaires dans d'autres régions ou pour d'autres groupes d'individus et dans les pays en développement comme chez certaines populations défavorisées dans les nations développées.

Il existe des grandes nations ayant une forte diplomatie dans le cadre de la santé globale et ayant contribué à l'amélioration continue de la santé des populations dans le monde mais les grandes mutations parvenues ces dernières années ont contribué si l'on veut être pragmatique à affaiblir davantage l'OMS dans ses missions en plus de la fragmentation et la difficulté de coordination des interventions d'ordre mondial ; son but principal étant d'élever tous les peuples au niveau de santé le plus élevé. De véritables controverses existent quant à ce sujet de fragmentation des efforts dans la mesure où "un accent solide sur les relations bilatérales plutôt que multilatérales est associé aux problèmes existant avec la coordination de l'aide et les principes fondateurs de la non-conditionnalité et d'autonomie sont à risque si la diplomatie sanitaire est étroitement liée aux politiques économiques et de santé comme un outil de politique étrangère[80]".

Raisons pour lesquelles, les efforts à l'échelle internationale à travers la participation des grands acteurs devraient plutôt renforcer l'OMS dans ses missions, ces pays étant les principaux Etats à siéger lors des différentes instances ayant conduit à sa création si les interventions exécutées sont inscrites ou alignées sur les lignes directives des stratégies globales adoptées à l'unanimité au sein de l'Organisation. La première véritable étape vers la réduction des inégalités en termes d'accès aux services essentiels de santé passe donc nécessairement par la reconnaissance de cette institution dans ses pleins droits et en lui donnant les différents moyens pour mener à bien cette mission. Les intérêts de différents acteurs évoluant sur le terrain pour des motivations différentes, fonction de la situation sanitaire qui prévaut sur le terrain, peuvent être pris en compte lors de ses différentes assemblées générales en vue de faire des recommandations pratiquent allant dans le sens de la mise en place d'un cadre de concertation pour affronter ensemble ces défis. La force des choses fait aujourd'hui qu'il est difficile d'admettre une telle réalité mais des efforts continus doivent être déployés par tous les Etats pour rendre cette organisation plus crédible dans ses prises de décision et pour combler le déficit de vide institutionnel dans le domaine de la gouvernance sanitaire mondiale ; la santé globale nécessitant des actions coordonnées en faveur de tous les Etats et au sein des Etats en faveur de toutes les couches de la population. C'est sur ces bases que la communauté internationale pourra vite avancer vers l'atteinte du concept de la couverture sanitaire universelle à travers la mise à disposition, la disponibilité et la continuité de la prestation des services essentiels pour les différentes populations, des services basés au niveau micro (au sein des pays) sur différents mécanismes de financements des soins, de partenariats entre les différents secteurs public et privé...dans un but d'atteindre les objectifs stratégiques globaux déclinés au niveau local, national ou régional.

Ensuite, le renforcement du partenariat entre l'OMS et d'autres acteurs évoluant dans un des domaines prioritaires de la santé globale à commencer par les départements ministériels des Etats membres, à travers l'élaboration et la mise en place des stratégies à la fois efficaces, efficientes mais aussi innovantes à différents niveaux permettront certainement de contribuer à l'atteinte de ces idéaux. Cependant il faut reconnaître que la cartographie actuelle des acteurs, leur diversité, leur pluralité et les différentes motivations qui les animent constituent une question d'une extrême complexité qu'il va falloir créer un cadre de discussion pour cette question importante. Cette complexité des questions entourant la santé globale à cause de sa structure actuelle, de la diversité de ses acteurs et des différents domaines dans lesquels ils évoluent ainsi que les différents groupes de populations cibles à atteindre entraîne parfois la congestion de plusieurs acteurs dans une zone de préférence alors que des fortes inégalités peuvent exister dans d'autres domaines de moindre importance comme le soulignent Murray et al en 2011, qui avaient affirmé "que l'attribution de l'assistance répond à de multiples considérations d'ordre historique, politique, économique, commercial, diplomatique et sécuritaire qui dépassent de beaucoup la seule analyse des besoins en matière de santé[81]". "Mais plus inquiétant encore, elles ont aussi graduellement dépossédé l'OMS de leviers d'arbitrage financier essentiels à l'accomplissement de ses objectifs stratégiques, laissant les visions et intérêts immédiats des donateurs se substituer à la vision collective, négociée et souvent à plus long terme de l'organisation. Les débats internes de l'OMS reflètent ces inquiétudes : « La situation où se trouve actuellement l'OMS, qui tire 80 % de ses recettes de contributions volontaires [...] n'est pas tenable. Si rien ne change, il sera impossible de mieux apparier les fonds avec les priorités définies d'un commun accord » [81]". Les points de vue de ces différents experts montrent combien de fois, cette organisation s'est vue dépossédée de certaines de ces attributions avec la poussée d'acteurs sur le terrain et cette mutation parvenue sans sur la base de consensus politico-diplomatique mais grâce à l'influence des lobbies derrière certains acteurs anciens comme nouveaux ; un ordre à rétablir si la communauté sanitaire internationale veut réellement établir ou bâtir des systèmes de santé tournés vers l'atteinte des objectifs de la couverture sanitaire universelle, un pari loin d'être gagné.

Affronter ce défi de la coordination, de la cohérence des actions internationales à travers le renforcement du cadre institutionnel mandaté à cet effet peut donner plus de clartés dans les efforts effectués et en cours dans la course pour l'atteinte des objectifs de la couverture sanitaire universelle tant voulue et souhaitée par tous les Etats membres de cette organisation et contribuer à réduire fortement les inégalités constatées aujourd'hui en santé globale.

III.1.5. Le renforcement du rôle de la société civile lors des instances de prise de décision

Les quinze dernières années ont été le théâtre de bouleversements profonds dans le champ de la santé globale[81]". Au nombre de ces bouleversements, figurent la pluralité des acteurs ayant fortement affaibli le rôle de la première agence du Système des Nations Unies mandatée à cet effet (OMS), les défis croissants liés à la fois au double fardeau des maladies transmissibles et émergentes (maladies cardio-vasculaires, mentales etc..), aux accidents de la circulation et à la mobilisation des ressources supplémentaires par les Etats pour répondre aux besoins croissants des populations ainsi bien que la question de comment combler les fossés en termes d'inégalités constatées entre les différentes parties du monde et au sein des Etats entre les différentes couches socio-professionnelles pour permettre l'accélération des pays vers la grande convergence. "La multiplication des acteurs n'a pas seulement contribué à augmenter la masse critique des organisations impliquées dans la santé, elle a aussi profondément modifié l'architecture de la santé globale[81]".

Au cœur de ces modifications importantes survenues dans l'architecture du système de santé global, l'on a également observé l'émergence des différentes organisations, des mouvements et associations de la société, des groupes philanthropiques, des groupes indépendants de consultation ou d'activisme, des groupes de professionnels (journalistes, bureaux d'investigation) ou de syndicats se battant pour des questions de natures diverses autour de certains droits fondamentaux à la vie y compris celui relatif à la santé des populations.

Durant ces dernières années, la participation de ces différents types d'organisations dans le domaine de la santé globale auprès des acteurs traditionnels tend à éclaircir le débat à plusieurs niveaux sur certains aspects du système de santé global et de son renforcement. Plusieurs organismes se réclamant de la société civile ont des motivations différentes alors qu'en réalité, les acteurs devraient être liés par un seul cordon ombilical, l'atteinte des objectifs communs de couverture universelle en santé. Qu'il s'agit de créer des conditions favorables à la production des biens et services nécessaires pour l'offre des soins que la bataille pour la mise à grande échelle des interventions coût-efficaces et efficientes à différents niveaux au sein des Etats. Ces organisations de la société civile à la fois initiatrices, contributrices et cibles de certaines principales politiques de santé adoptées dans le cadre de l'atteinte des OMD, devraient continuer à siéger en tant qu'élément, pièce centrale pour la fixation des objectifs de l'agenda à adopté dans la période post-OMD. Leur contribution est également nécessaire pour contrôler à la fois les actions étatiques en matière d'atteinte des objectifs des politiques nationales de santé ainsi que dans le contrôle et l'exécution des actions internationales pilotées par les agences du Système des Nations Unies et d'autres organismes bénéficiant du fonds des contribuables. Jouer un rôle de contre-pouvoir en examinant les actions entreprises par les Etats et leurs différentes agences devront faire partie des préoccupations de toute bonne organisation de cette société civile à travers sa collaboration avec l'organisation (OMS) en charge de l'élaboration des normes, standards, procédures règlements et orientations générales des politiques internationales de santé publique et autres institutions évoluant dans le domaine. C'est une question fondamentale pour une gouvernance démocratique et participative dans le domaine de la santé globale, ce qui va permettre d'asseoir des systèmes de santé solides et viables tournés vers l'atteinte du concept de la couverture sanitaire ; le rôle de la société civile étant plus focalisé sur des principes tendant à la réduction des inégalités d'accès aux services de santé et non uniquement sur le volet de la gestion des fonds alloués aux différents secteurs.

A ce niveau, il n'est de surprise pour personne que "les initiatives mondiales en santé ont aussi impliqué de nouveaux groupes de personnes (notamment les organisations de la société civile, conduisant à mettre un accent croissant sur la justice sociale); gagné la volonté politique des donateurs ; mis en place des piliers de nouvelles approches basées sur la performance ; fourni l'appui aux interventions qui ont été pensées d'être non viables (tels que les ARV et le traitement de la tuberculose résistante à la multi-thérapie); et montré la capacité d'adapter à un environnement opérationnel qui est en mutation. Malgré ce changement sur la façon dont l'aide est fournie, la connaissance des effets larges des initiatives mondiales en santé sur les systèmes de santé des pays est inadéquate[82]"; faute de données scientifiques larges pour exprimer de tels impacts dans différents contextes. Le niveau de preuves disponibles aujourd'hui a poussé certains à affirmer que "les initiatives mondiales ont émergé dans un contexte d'affaiblissement des systèmes de santé[82]"; certes cette question de conflits d'intérêts par rapport aux différentes initiatives mondiales développées en santé globale ne constitue en aucun cas l'objet de ce présent document destiné à rassembler les défis et les perspectives nouvelles qui se placent à l'horizon et à suivre dans la période post post-OMD. Ces questions brûlantes étant débattues lors des grandes instances de prise de décisions entre les Etats membres du Système de l'Organisation des Nations Unies et fonction d'autres facteurs comme le niveau d'influence et la capacité de mobilisation des ressources financières pour faire face à de telles ou telles autres priorités en santé globale. Un autre aspect de cette question est le poids important de certaines organisations de la société civile impliquées aujourd'hui dans la mise en œuvre de certaines politiques et stratégies auprès des gouvernements et autres acteurs sur le terrain soulevant des questions techniques en rapport avec les conditions entourant leur double implication dans l'exécution et l'évaluation de certains programmes de santé ; un paradoxe qu'il falloir corrigé au fil du temps pour plus de responsabilité et de responsabilisation dans l'exécution des programmes et projets de grande envergure dans le domaine de la santé globale.

"Dans ce contexte, la perspective de la mise sur pied d'un forum mondial de la santé, qui pourrait aider à infléchir les décisions et les programmes d'action de l'OMS, réjouissent certains, qui y voient une opportunité d'injecter de la cohérence dans un paysage fragmenté et déstructuré, mais préoccupent d'autres, qui craignent de voir s'accroître sensiblement l'influence de l'industrie sur la politique sanitaire de l'agence[81]". Une véritable question à aborder par l'institution Onusienne (OMS), si elle veut rester le garant de la mise en place des règlements sanitaires internationaux.

C'est dire donc que la bonne gouvernance à impulser au secteur de la santé globale demande que des comptes soient rendus à tous les niveaux par les gouvernants le long de la chaîne de la gouvernance des systèmes de santé et des différentes agences pour servir plus d'exemples au citoyen lambda à la base, contribuable et cible de certaines interventions. Certes, cette bonne volonté relative à la participation de la société civile à s'impliquer dans le contrôle de l'action publique ne doit être associée à aucune prise de position partisane tendant à sabrer ses actions mais elle doit plutôt être structurée autour de l'atteinte des principaux objectifs de la politique publique de santé à exécuter au sein des régions.

L'émergence d'une société civile dévouée à œuvrer auprès des experts impliqués dans la recherche des voies consensuelles auprès des différents acteurs avec en tête l'OMS, se devrait de mettre l'accent sur les différents aspects relatifs à l'équité, l'égalité et à la justice sociale en matière d'offre et de la demande des soins de meilleure qualité à travers l'élargissement ou la mise à grande échelle des services de santé, des produits et autres équipements essentiels pour tous les peuples comme exprimés dans la vision et les orientations stratégiques de la politique de couverture sanitaire universelle. L'implication de la société civile dans ces grandes œuvres de rétablissement de certaines couches de population et de certains peuples dans leurs droits dans les pays à revenu faible et intermédiaire comme dans les nations développées, est devenu depuis très longtemps un processus quasi graduel et en pleine mutation surtout pendant cette dernière décennie, due principalement aux avancées dans le domaine des technologies de l'information et de la communication. C'est ce qui doit attirer l'attention des acteurs qui doivent aller en crescendo dans cette démarche afin que tout le monde se sente responsable dans la gestion des affaires publiques des Etats surtout en ce qui concerne les actions internationales en faveur de la viabilité des systèmes de santé et l'atteinte des objectifs d'une couverture sanitaire universelle.

III.1.6. L'élargissement de l'accès aux médicaments, vaccins et autres produits biologiques

La taille de la population globale n'ayant pas accès aux médicaments essentiels, vaccins et autres produits biologiques constitue une des principales difficultés voire une des grandes entraves ne pouvant pas permettre de faire avancer les pays vers l'atteinte des objectifs de la couverture sanitaire universelle. Les acteurs ont donc besoin de fournir assez d'efforts supplémentaires pour faire changer les donnes à travers des décisions consensuelles prises autour de l'institution onusienne en charge des règlements sanitaires internationaux.

A ce propos, si dans les chapitres précédents, des perspectives nouvelles à adopter pour une meilleure cohérence des accords commerciaux en rapport avec la santé signés entre l'OMC et l'OMS avec un accent sur le développement de nouvelles approches de partenariats dans la production des médicaments essentiels pour les pays dont l'environnement politique et socio-économique s'ouvre à de telles perspectives, ont été discutées en long et en large, certes, ce point reste un des points essentiels pouvant permettre d'élargir les stratégies, interventions de mise à grande échelle des médicaments comme déjà illustrées à travers d'autres approches nouvelles ayant permis d'étendre la population couverte dans la gestion de certaines pandémies. A titre d'exemple, "en 2000, grâce à la compétition générée par l'introduction de médicaments génériques, les prix des Antirétroviraux chutèrent de 90 % en l'espace de quelques mois[81]" pour répondre aux priorités de prise en charge de la pandémie du VIH/Sida et ce qui constituait en même temps une menace importante pour le commerce international à cause de l'effet de cette infection sur les économies des pays qui étaient lourdement affectés et montre davantage que les médicaments essentiels sont des éléments importants de la mise en œuvre des politiques pharmaceutiques et "ils sont sélectionnés à cause des preuves pertinentes sur l'efficacité, la sécurité et la comparaison coût-efficacité en santé publique[83]".

Il est évident qu'"en l'absence de compétition, les traitements innovants, moins toxiques et plus efficaces – mais sous brevet – risquent fort de rester hors de portée des patients du Sud[81]" et même pour certaines couches défavorisées des pays industrialisés. De tels schémas ne peuvent et ne pourront permettre de cadrer les disponibilités actuelles dans le domaine avec la vision assignée dans le cadre de la couverture sanitaire universelle par les promoteurs de ces nobles idéaux (OMS et ses différents partenaires techniques et financiers et autres organisations de la société civile...).

En outre, les autres aspects concernant l'élargissement de l'accès à ces produits et équipements ne peuvent être occultés en faisant une analyse plus pragmatique de la situation de la mise à grande échelle des médicaments. Il s'agit en gros des différentes phases du cycle de commande et d'approvisionnement en médicaments ; des conditions de distribution des niveaux centraux vers les niveaux périphériques surtout dans certains pays en développement ; leur utilisation rationnelle et l'adhésion des patients (observance) aux traitements disponibles ; ces derniers étant essentiels pour améliorer les résultats sanitaires des patients.

Concernant le premier point relatif aux procédures de commande et d'approvisionnement des pays en médicaments essentiels, vaccins et autres produits biologiques, des progrès ont été obtenus grâce à certaines initiatives internationales pour accroître la mise à grande échelle de ces différents types de produits sanitaires ; il s'agit notamment de celles relatives aux partenariats de développement des produits au sein de certains pays émergents. "Ces partenariats impliquent souvent les Ministères de Santé et les professionnels locaux de santé, des organisations internationales ou locales et les instituts de recherche se focalisant sur une large gamme de traitements allant du paludisme aux diabètes[84]" ainsi que d'autres politiques d'achat et de commande groupée des produits par le canal de certaines agences du système des Nations Unies. C'est dans cette logique que des progrès significatifs ont été enregistrés à travers les stratégies de tarification flexibles (tarification différenciée entre le monde développé et celui en développement) d'un côté par le canal de l'OMS grâce au fonds de revolving du bureau de l'Organisation dans la région panaméricaine, de l'autre par l'Unicef et autres acteurs impliqués dans ce domaine (FNUAP, UNITAID, GAVI, IFFIm,...) à travers des procédures d'achat groupé de médicaments pour une catégorie importante de pays (pays à revenu faible et intermédiaire). Ces mécanismes ont fortement contribué à améliorer l'accès à certains médicaments de base, vaccins et produits biologiques en plus de la forte contribution des agences au service du développement international malgré la fragmentation des acteurs sur le terrain qui en est suivie.

Mais le constat actuel est qu'il faut de nouvelles synergies d'actions afin de couvrir le tiers de la population mondiale estimée par l'OMS de ne pas être couvert par les médicaments essentiels et autres produits biologiques. Ces nouvelles synergies d'action doivent être axées sur les causes des insuffisances et pénuries existant partout dans l'accès aux médicaments en fonction de la situation épidémiologique qui prévaut au sein des pays car "les médicaments essentiels sont supposés d'être disponibles dans le contexte des systèmes de santé fonctionnant à tout moment avec des montants adéquats, dans les formes appropriées de dosage, avec une qualité assurée et une information adéquate et à un prix auquel, les individus et les communautés peuvent s'offrir.

Les immenses efforts consentis font que jusque maintenant, la situation semble être très loin de cet idéal souhaité. Cette affirmation est d'ailleurs confirmée par les auteurs (Kaplan Warren et al, 2013) du rapport "Priority Medicines for Europe and the World 2013 Update" produit sous l'auspice de l'Organisation mondiale de la Santé au mois de Juillet 2013. Pour ces auteurs, "malgré que des progrès substantiels ont été accomplis depuis le rapport original 2004 sur Priority Medicines dans le développement des méthodes de diagnostic et des médicaments pour quelques domaines de maladies, un certain nombre de gaps persistent et de nouveaux ont été identifiés[85]"; une des priorités de ce rapport se focalisant sur les "médicaments nécessaires pour certains groupes de patients spécifiques y compris les patients avec des maladies tropicales négligées et rares (orphelins), les personnes âgées, les enfants et les femmes[85]". La mise en place des stratégies de partenariat de développement des produits afin de protéger ces groupes spécifiques serait plus souhaitable et relève des questions d'ordres social et éthique à cause de leur situation de vulnérabilité. De nouveaux efforts à engager ne peuvent s'accentuer seulement sur ces domaines en laissant d'autres questions opérationnelles si l'on voulait faire de l'agenda dans la période post-OMD, la voie vers l'atteinte de la couverture sanitaire universelle.

Les autres questions concernant la capacité de commandes des médicaments, les conditions entourant leur stockage et leur distribution méritent aussi d'être abordées dans une perspective de la mise en place des systèmes efficaces, efficients et durables avec l'introduction et l'extension des moyens informatiques dans le cycle de gestion des médicaments quittant complètement l'ère des systèmes basés sur un système de gestion et de reportage manuel des informations concernant des catégories importantes de médicaments. En plus, "la littérature disponible suggeste que les inégalités sont principalement en rapport avec les dépenses publiques inadéquates, le manque d'une couverture adéquate d'assurance-santé, la pauvre disponibilité des médicaments essentiels, la faible accessibilité financière et les paiements exorbitants des usagers[86]". Autant de domaines à aborder en termes de perspectives nouvelles pour consolider les avantages déjà obtenus dans le cadre des avancées vers la couverture sanitaire universelle.

Sur ceux, les règles en vigueur par rapport aux procédures de la commande des médicaments doivent être le champ de réformes importantes afin de créer des conditions plus favorables aux principes d'une concurrence entre les différents partenaires impliqués dans le domaine et au bénéfice d'une proportion importante de populations non encore couvertes. La création d'un tel environnement propice à une véritable concurrence dans la livraison des contrats de commandes en plus des mécanismes d'achat groupés par les agences du Système des Nations Unies focalisées sur les médicaments essentiels, vaccins et d'autres produits pourra constituer une option possible en termes de perspectives afin de hausser le nombre de partenaires possibles dans l'importation et l'exportation d'autres produits essentiels sans bien sûr entraîné une concurrence déloyale à travers la mise en place des gardes fous et fonction de la capacité de mobilisation des ressources par les pays pour financer leurs systèmes de santé et des conditions favorables à la mise en place d'une économie d'échelle. Il est possible de développer à ce niveau des modèles nouveaux de partenariats entre les acteurs (Ministères de santé, les bailleurs de fonds traditionnels ou nouveaux, le secteur privé et d'autres partenaires….). Des exemples de ces approches combinant plusieurs acteurs ont été rapportés en Inde et Chine où "l'approvisionnement est effectué par plusieurs entités, y compris le secteur des hôpitaux publics, le secteur privé pharmaceutique détaillant et quelques organismes gouvernementaux[86]"; il en de même que les initiatives régionales inter-pays actuellement actifs dans les procédures de commande et d'achat groupés de médicaments. De telles approches nouvelles focalisées sur les médicaments dans certains pays ont permis de contribuer fortement à la diminution des inégalités à la fois en termes de financement que dans l'extension ou la mise à grande échelle de certains produits essentiels malgré que les résultats restent très mitigés par endroits au regard de la proportion de population globale n'ayant pas encore accès aux médicaments à cause de leurs coûts et des possibilités limitées de mobilisation des ressources pour couvrir les dépenses publiques de santé au niveau des Etats membres de l'Organisation Mondiale de la Santé. C'est pourquoi, il paraît autant plus difficile de concevoir une telle vision en l'élaborant en des réflexions structurées c'est-à-dire en politiques détaillées mettant en évidence les différentes fonctions des structures nouvelles que de trouver des acteurs disponibles à œuvrer pour participer à cette mission pouvant garantir un élargissement de la couverture populationnelle en médicaments essentiels et cela à cause des conflits d'intérêts qui minent ces secteurs considérés comme stratégiques par certains Etats et par d'autres comme l'un des droits humains fondamentaux .

Un autre aspect de la couverture en médicaments essentiels et autres produits nécessaires à la santé face auquel, l'innovation devrait être déployée, est la création de bonnes conditions de stockage des produits commandés dans la mesure où les différents objectifs escomptés ne pourront pas être atteints si des médicaments sont stockés et distribués dans de mauvaises conditions physico-chimiques pouvant avoir des effets sur leur efficacité pratique. Des médicaments à dispenser aux patients doivent être conservés dans des conditions physico-chimiques optimales pour chaque type de produit allant des différentes phases de la gestion du cycle aux moments de leur dispensation aux patients dans des localités très éloignées et difficiles d'accès, caractéristiques des principales zones connues d'avoir aujourd'hui des taux faibles de couverture en médicaments essentiels. Les innovations dans la chaîne de froid fonctionnant à base de sources d'énergies alternatives dans ces différentes zones géographiques devraient être des solutions avantageuses et prometteuses pour une meilleure conservation des produits et des gains importants en termes de meilleurs résultats sanitaires. De ce fait, "de nouvelles formulations médicamenteuses et vaccins efficaces vont offrir l'espoir de guérir plusieurs maladies communes, mais ces produits font exiger de meilleure capacité de chaînes de froid pour éviter des pertes excessives dues au gaspillage ou à l'expiration[47]". Autrement dit, "les vaccins et médicaments qui exigent un stockage à travers la chaîne froid et la fourniture peut poser des problèmes spéciaux dans le monde en développement, où les infrastructures de transport sont souvent inadéquates et les pénuries d'équipements tels que les seringues sont communes[47]". Toutes ces étapes en aval de la dispensation des médicaments chez les patients sont aussi importantes que leur utilisation rationnelle par les professionnels de santé et de la situation d'observance suivie par les malades.

L'utilisation rationnelle des médicaments obtenus grâce aux efforts combinés des Etats et de leurs partenaires doit être de rigueur dans tous les pays surtout dans les pays en développement confrontés à un certain nombre de défis à relever avant la dispensation des médicaments aux patients. C'est une question importante dans la mesure où les systèmes de santé évoluent dans une dynamique graduelle devant aboutir à l'atteinte des objectifs de la couverture sanitaire universelle et cette évolution graduelle doit concerner tous les blocs constructifs des systèmes de santé. Dans le but de limiter les pertes et autres types de gaspillage de ces produits acquis par les Etats, fonction de leurs capacités de mobilisation des ressources internes et externes pour assouplir les charges supportées par leurs populations, "une prescription appropriée par les praticiens et autres professionnels et l'usage par les patients peuvent être poursuivis en introduisant des directives et des protocoles de traitement basés sur les preuves[86]". La rationalisation de la prescription médicamenteuse faisant partie de la bonne pratique médicale est à la fois affectée par les questions de qualification des professionnels de la santé comme par les attitudes et connaissances pratiques des patients bénéficiant de ces produits. C'est donc dire que la rationalisation de la prescription passe par une très bonne maîtrise des étapes de diagnostic des maladies conduisant à la mise en place d'un schéma rationnel de prise en charge. L'observance des patients ou leur adhésion aux médicaments prescrits découle de la gamme d'informations nécessaires prodiguées par le personnel au moment du diagnostic et de la prise en charge des maladies et de la formation continue des professionnels à différents niveaux.

Face à ces différents facteurs combinés et d'autres, "l'Organisation Mondiale de la Santé a rapporté qu'à travers le monde, 50% de tous les médicaments sont prescrits, dispensés ou vendus de façon inappropriée alors que 50% des patients échouent dans la prise de leurs médicaments de façon adéquate[87]"; poussant à dire que "l'utilisation irrationnelle des médicaments est un problème de santé globale[87]" de même que les questions relatives à la réglementation des politiques axées sur le développement et la mise à grande échelle de ces produits ainsi bien que les conditions optimales de leurs stockage, conservation et de distribution.

Raison pour laquelle, "les programmes de formation continue et la disponibilité de l'information non biaisée sont nécessaires pour mettre à jour les compétences et les connaissances des cliniciens et d'autres professionnels de la santé (pharmaciens, infirmières...) à propos de l'utilisation effective des médicaments" malgré que l'on peut parler de cette situation et de son application dans les circonstances de disponibilité et d'accès aux médicaments essentiels et autres produits sanitaires.

Bref, la combinaison de la redéfinition des politiques commerciaux axés sur la santé et signés entre l'OMC et l'OMS, la concurrence dans le domaine de l'approvisionnement et de distribution des médicaments dans les conditions optimales jusqu'à sa dispensation aux patients et l'utilisation rationnelle des médicaments disponibles constitueront certainement non seulement des gages, mais également les principaux champs d'action à aborder en vue de permettre l'élargissement, l'extension des stratégies et interventions devant conduire à une couverture globale en médicaments, vaccins et autres produits biologiques nécessaires dans le cadre de l'atteinte des objectifs de la couverture sanitaire universelle.

III.1.7. Le développement des méthodes innovantes pour répondre aux besoins croissants des populations

L'adoption d'un nouvel élan de leadership dans le domaine de la santé globale pour l'atteinte des objectifs de couverture sanitaire universelle passera aussi bien à travers une meilleure gouvernance qu'en saisissant de nouvelles opportunités en termes d'innovations dans divers domaines ; ces innovations concernant tous les blocs constructifs des systèmes de santé. La principale raison du choix des méthodes nouvelles et innovantes est de chercher à rendre les systèmes de santé plus efficaces et efficientes face à l'émergence des nouvelles menaces (maladies transmissibles, accidents de la circulation) et à la rareté des ressources financières par endroits. Les innovations dans différents domaines des sciences médicales et connexes entraîneront certainement la consolidation des acquis déjà obtenus sur la voie de la couverture sanitaire universelle ; les approches combinant les innovations de différentes disciplines connexes dans le domaine de la santé globale apparaissent comme étant le domaine le plus plausible à apporter des mutations profondes au sein des systèmes de santé des différents pays, membres de l'Organisation Mondiale de la Santé.

Ensuite, la globalisation a entraîné d'énormes échanges dans plusieurs domaines à travers le monde, faisant qu'aujourd'hui des progrès importants ont été obtenus dans la lutte et la prévention de certains fléaux en santé publique dans différentes parties du monde. En plus, il faut aussi admettre que "les innovations biomédicales et la recherche en santé publique et les échanges de meilleures pratiques à l'échelle internationale sont capitaux pour l'amélioration de la santé des populations[88]". C'est d'autant dire que "toute innovation résulte d'un bricolage et d'un réassemblage d'éléments disparates[88]" à travers l'implication de plusieurs partenaires sur des domaines d'interventions stratégiques de la santé globale. "La solidité de ces nouveaux arrangements repose essentiellement sur la capacité du réseau sociotechnique qui les porte à résoudre les controverses. Les controverses sont inhérentes au processus de traduction par lequel ce réseau se rallonge et se consolide[88]".

En outre, "les grands progrès de la biologie reposent sur la mise au point d'outils puissants de plus en plus sophistiqués en constante évolution[89]"dont il faut saisir pour répondre aux besoins croissants des populations en quête d'acquérir ces innovations et chercher à renforcer l'arsenal existant dans les pays avancés. "Puisque la globalisation va continuer à drainer des talents compétents ailleurs en dehors des systèmes de santé pour servir des pauvres, il est nécessaire de développer de nouveaux outils (bio-informatique, Imagerie, -omics, technologies médicales, technologies de l'information et de la communication pour la santé, etc.) et de développer des standards [89]" pour une meilleure intégration des politiques publiques majeures de santé à adopter dans l'agenda de la période d'après la date butoir de l'atteinte des OMD[47 89]. C'est une question vitale pour tous les systèmes de santé dans la mesure où la situation épidémiologique des pays tend à converger vers la lutte globale contre les maladies non transmissibles et les accidents de la circulation avec bien sûr un accent important sur les maladies transmissibles (celles à prévenir par la vaccination que celles ayant un impact socio-économique fort et pour lesquels, des initiatives de vaccins sont en cours : VIH/Sida, Paludisme, Tuberculose et autres) dans les pays en développement, qui connaissent d'ailleurs aujourd'hui l'utilisation d'une gamme assez variée d'innovations technologiques dans les domaines de la collecte de l'information médicale comme dans celui des diagnostics (télémédecine) et autres domaines. Ces innovations sont loin de ceux utilisés dans les pays industrialisés en termes de performance et à cause du degré de sophistication et des coûts liés à leur exploitation malgré un fort impact sur l'amélioration des conditions et des états sanitaires des populations dans ces pays. Une autre question aussi discutable à ce niveau selon les points de vue de certains experts, face à l'émergence dans l'usage de ces technologies est la création d'une source d'inégalité ou d'inéquité dans la pratique de la médecine humaine quant à la distinction entre les groupes économiquement favorisés ayant accès à ces technologies de haut de gamme et les autres catégories socio-professionnelles utilisant les technologies de base, moins onéreuses.

Ces efforts inlassables produits à différents niveaux et particulièrement dans le monde en développement ont vraiment besoin d'être continués et renforcés en termes de collaboration ou de partenariats entre les différents Etats et différents partenaires techniques et financiers en faveur de l'augmentation continue de l'espérance de vie dans toutes les régions mais également pour faire face à la charge croissante des maladies transmissibles sur le dos des économies de ces pays qui seront confrontés dans moins d'une décennie au fardeau important des maladies transmissibles. Partant de ces constats, les innovations adoptées en termes de financements nouveaux dans certains domaines de la santé globale ont permis d'avoir des acquis positifs par rapport à la diminution des taux de morbi-mortalité de certaines maladies et d'améliorer les états sanitaires malgré que des divergences persistent quant à la viabilité des programmes ayant bénéficié de l'appui de tels financements. Ceci suppose qu'il doit avoir de nouvelles réflexions autour de toutes ces questions dans la nécessité d'adopter des innovations coût-efficaces et efficientes en vue de continuer à combler certaines lacunes laissées par les politiques, stratégies et interventions antérieures et adoptées dans le cadre de l'atteinte des OMD, qu'elles soient parmi les plus sophistiquées ou les plus ordinairement adoptées aux niveaux international, national régional,, local ou communautaire.

A propos de l'aide publique au développement accordée à la santé, qui continue à occuper une proportion importante dans les dépenses publiques globales et sanitaires de certains pays en développement même pour certains des pays encore considérés comme des grands émergents, "plus de réflexions sur comment l'aide peut devenir plus effective à travers le changement des incitations auxquels se trouvent confrontés les acteurs du marché est capital, particulièrement pour les parties où les subventions peuvent être ciblées de façon coût-efficace et viable pour l'amélioration de la santé au niveau national ; au niveau des entreprises ? et fournisseurs ? au niveau des gouvernements et agences d'exécution ? ou au niveau des prestataires et patients ?[90]"

C'est dire donc que les perspectives d'innovations à adopter dans le cadre de l'agenda post-OMD sur la couverture universelle devront être axées sur un large spectre de stratégies et d'interventions focalisées sur tous les blocs constructifs des systèmes de santé ainsi que sur le ciblage des domaines prioritaires de la santé globale avec un fort impact sur la santé des populations. Une telle vision ne peut qu'être profitable pour un monde globalisé et en pleine mutation dans beaucoup de secteurs de développement socio-économique y compris le secteur stratégique, pourvoyeur, stimulateur du développement international qu'est la santé.

Du fait des rapports étroits entre la santé et les différents domaines du développement international, l'on peut affirmer aujourd'hui sans vouloir se tromper que "les technologies de l'information transforment actuellement la société et l'économie dans de nombreux pays, augmentant la productivité du travail, créant des emplois et accélérant les communications et les flux d'informations, et leur potentiel reste considérable. Elles ont déjà apporté des changements dans la fourniture des soins prioritaires de santé par endroits et peuvent encore élargir la fourniture transfrontalière de services de santé. A plus long terme, les technologies qui permettent de contrôler en temps réel et en trois dimensions des instruments de précision avec un retour de l'information à l'opérateur pourraient même permettre des actes chirurgicaux à distance. Toutefois, l'utilisation des technologies de l'information dans le commerce transfrontalier en faveur des populations pauvres risque d'être limitée par leur coût élevé et par le manque d'infrastructures et de personnel spécialisé[89]". Si ces arguments semblent être fondés, ils ne peuvent être pris comme statiques à cause des efforts supplémentaires en cours dans certains pays dans ces domaines sus-mentionnés. Ces différentes raisons ne peuvent être considérées comme suffisantes à l'encontre de l'adoption des innovations dans le secteur de la santé au regard de ces effets sur le développement en cours dans différents pays de certaines régions et les preuves évidentes déjà produites par l'OMS et certains de ses partenaires sur l'amélioration de la santé des populations avec un rapport coût-efficacité très faible comparé à celui de certaines technologies actuellement disponibles sur le champ. Les preuves solides sont aujourd'hui fournies que ces innovations peuvent permettre l'extension de certaines interventions à grande échelle mais pour des questions de conflits d'intérêts des parties prenantes, des interventions majeures tardent à être instaurées afin de réduire davantage certaines inégalités constatées dans l'accès et l'utilisation de soins de premier recours et de réhabilitation dans différentes parties du monde. Une autre raison valable en rapport avec leur utilisation dans le cadre du renforcement des systèmes de santé est que "les innovations exigent un système de monitoring et d'évaluation pour rapporter de façon objective leurs effets sur le système de santé[91]". L'adjonction de ces différents éléments dans certains contextes ont permis d'avoir des résultants très probants dans certains domaines en ce sens que "quand elles sont distribués de façon équitable, les nouvelles technologies peuvent accélérer les gains sanitaires et réduire les inégalités[91]"; une vision à assigner à toutes les politiques publiques nouvelles en santé globale surtout celles en rapport avec les objectifs du futur agenda dans le cadre de la Couverture Sanitaire Universelle.

Donc la communauté sanitaire internationale doit soutenir la recherche et le développement de ces nouvelles approches car "l'innovation est le moteur du développement, menant à un meilleur état de santé et à plus d'emplois[65]". En d'autres termes, "c'est l'une des plus importantes filières d'innovations en santé mondiale dans le monde à l'heure actuelle[65]. Cet axe qui doit avoir une portée stratégique, pourrait être aussi focalisé sur la mise en place et le renforcement des réseaux solides d'échanges d'informations médicales et leur traduction dans d'autres langues afin que les impacts des interventions mises en place dans certains horizons profitent à d'autres et vice-versa. Un autre champ important et nouveau ayant un fort impact aujourd'hui dans la collecte et la gestion de l'information sanitaire, en voie d'extension et donnant plus de précisions sur les caractéristiques d'une maladie dans une zone donnée est le développement des systèmes de gestion et d'informatisation des données épidémiologiques en fonction des zones ou aires géographiques. "L'application des systèmes d'information géographique de façon pratique en santé publique tient des promesses pour améliorer notre compréhension de l'écologie et des causes des questions sanitaires complexes et pour la conception et l'évaluation des programmes efficaces basés sur la population pour résoudre ces questions[92]". Les impacts escomptés deviennent de plus en plus considérables dans la fourniture de la précision relative à certains phénomènes environnementaux considérés comme causes de certaines maladies. Ces innovations ne sont pas encore connues dans beaucoup de contextes mais leur mise à grande échelle bénéficiera à toute la communauté sanitaire internationale surtout dans le cadre des échanges d'informations fiables relatives à la prévention et à la gestion des effets de certains phénomènes naturels (catastrophes naturelles, des épidémies généralisées ou isolées etc.).

En plus de la production de différentes formes de cartographies liées à l'épidémiologique des maladies et fonction des principaux déterminants de la santé dans les différentes aires géographiques, "l'OMS mentionne que le Système d'Information Géographique :

- Est hautement adaptable pour l'analyse des données épidémiologiques révélant les tendances et les inter-relations qui pourraient être plus difficiles de découvrir en des tableaux (format tabulaire);
- Permet aux décideurs politiques de visualiser facilement les problèmes en rapport avec les questions sanitaires existantes et l'environnement naturel et de façon plus effective les ressources ciblées ;

- Est la plateforme idéale pour la convergence des informations des maladies spécifiques et leur analyse en rapport avec les habitats de la population concernant les services socio-sanitaires et l'environnement naturel[93]"; toute une gamme d'applications importantes à promouvoir dans le domaine de la santé globale pour mieux avancer sur les pistes des différentes dimensions de la couverture sanitaire universelle.

Allant des domaines très sophistiqués de la médecine clinique (comme la neurochirurgie, la chirurgie cardiovasculaire ect...) à la mise à grande échelle des approches nouvelles de prévention (dépistage précoce) et de diagnostic rapide et précis des maladies à travers le développement des techniques, stratégies et interventions coût-efficaces et efficientes, les innovations constituent un sujet transversal pour tous les blocs constructifs des systèmes de santé et même pour les systèmes peu performants dans la mesure où elles sont capables de stimuler une certaine dynamique dans la prestation des services de soins, permettre d'accroître l'observance des malades aux différents traitements à travers un système de surveillance et de monitoring et la réalisation des programmes de santé publique pour les populations se trouvant dans des zones et régions d'accessibilité géographique difficile.

En somme et comme l'estiment certains acteurs évoluant sur le complexe champ de la santé globale, "l'idée pourrait englober le développement et le déploiement des produits et/ou services le long du spectre de la santé globale, y compris la découverte de médicaments, la souplesse dans les accords commerciaux axés sur la santé avec un accent sur le transfert de technologies, le développement des vaccins, des méthodes de diagnostics médicaux et d'éducation sanitaire, la santé maternelle et infantile, les maladies non transmissibles (y compris les cancers et la santé mentale), les conditions sanitaires liées à l'eau et à l'assainissement de l'environnement de vie et les caractéristiques sanitaires liées à l'agriculture et à la nutrition[94]"; certes, seules la nécessité d'avoir au cœur de toutes ces stratégies focalisées sur les différents blocs constructifs des systèmes de santé, d'approches innovantes, la mise en place des instances plus formelles de discussion sur les grands défis évoqués dans le domaine de la santé globale et des partenariats solides en termes de modèles de développement des produits dans des zones dont l'environnement macro-économique s'adapte à de telles initiatives, pourront permettre d'atteindre les objectifs si chers de couverture sanitaire universelle pour tous les Etats membres ou non de l'Organisation Mondiale de la Santé.

IV. QUELLE APPROCHE GLOBALE À ADOPTER POUR L'ATTEINTE DES OBJECTIFS DE LA COUVERTURE SANITAIRE UNIVERSELLE ?

La future approche globale à adopter dans le cadre de la poursuite des objectifs de la couverture sanitaire universelle ayant pour de point de départ, la date butoir des OMD, doit prendre en compte le large spectre des déterminants de la santé dans la mesure où la plupart des pays en développement s'acheminent avec certitude dans la phase de transition épidémiologique caractérisée par le changement des principales causes de maladies malgré que des difficultés persistent encore quant à la gestion effective et efficace de certaines maladies transmissibles (VIH/Sida, Paludisme, Tuberculose, Maladies à prévenir par la vaccination, Maladies Tropicales Négligées….). Les nations développées ayant déjà connu ce changement important en rapport avec cette situation épidémiologique, restent confrontées par contre aux coûts exorbitants de la prise en charge de ces maladies à cause de leur chronicité et de leurs impacts sur la vie individuelle, collective voire sociétale. Dans ces pays, des stratégies adoptées depuis la moitié du siècle passé, ont connu une évolution figurante en termes de développement des choix thérapeutiques et de techniques nouvelles pour affronter ces problèmes majeurs de santé publique, mais la nécessité de compréhension de certaines interactions entre les différentes expositions et l'occurrence des maladies et d'autres conditions sanitaires chez les populations et la complexité de la compréhension de certaines de ces interactions, sources de pandémies industrielles font aujourd'hui qu'ils restent confrontés à certains défis qui demandent l'adoption d'une approche plus large, plus globale capable de prendre en compte tous les aspects importants des différents blocs des systèmes de santé et ceux sous plusieurs angles de mesure ou d'observation afin de consolider les acquis déjà obtenus dans le renforcement de ces systèmes et de mieux aborder les nouveaux défis. A ce niveau d'ailleurs, "le consensus est grandissant autour de la nécessité de fournir plus d'actions dans le cadre du renforcement des systèmes de santé, lequel est de plus en plus considéré comme capital pour l'amélioration de la santé[59]" vu que les maladies non transmissibles continuent à prendre une proportion inquiétante parmi les principales causes de maladies associées aux coûts exorbitants de leur prise en charge et de leurs charges sociales.

Contrairement à ces nations développées et devant le double fardeau des maladies transmissibles et de celles non transmissibles, rares sont les pays en développement qui ont une vision claire de la situation réelle de ces maladies transmissibles et des stratégies à adopter pour mieux juguler les efforts de lutte en matière de prévention ainsi que dans la prise en charge des cas de maladies et cela par manque de données probantes en provenance de la plupart de ces pays ; les systèmes d'information sanitaire et de surveillance étant plus adaptés à la collecte des informations sur les maladies transmissibles créant aujourd'hui la nécessité d'une mutation profonde à opérer au sein des systèmes de la plupart de ces pays pour corriger ces lacunes de grande importance.

En plus, des enquêtes de grande envergure portant sur ces maladies non transmissibles sont aussi rarement effectuées au sein de ces groupes de pays sur la base de la population générale afin d'avoir des estimations précises sur les niveaux de prévalence et d'incidence de ces maladies ; la plupart des données proviennent des statistiques hospitalières, rendant difficile d'en déduire et proposer aujourd'hui des interventions à grande échelle et sur la base de la population dans le cadre de la prévention et de la prise en charge de ces maladies. Or, il n'est pas non plus méconnu par les experts évoluant dans ce domaine que cette mutation se passe à un rythme plus rapide que celle qu'ont connue les nations développées et dans un contexte de difficultés quant aux financements des systèmes de santé en termes de proportion des dépenses publiques totales accordées au secteur de la santé. Ce point de vue est partagé par Dr Anders Nordström qui a affirmé que : "regarder au-delà de 2015, il est clair que nous allons quitter du domaine principalement focalisé sur les maladies transmissibles et de la survie à un temps d'une escalade rapide des maladies non transmissibles (MNT) et la nécessité de mettre au maximum, l'espérance de vie en bonne santé au centre de nos travaux et de nos pensées[95]".

Ces difficultés d'adoption d'une approche cohérente pour affronter les grands défis dans le domaine de la santé globale, qui sont à la fois d'ordre politique (faisant référence à la promotion du type de système de santé à travers un modèle de bonne gouvernance et de leadership offensif au sein des pays), structurels (quasi-inexistence de structures et des équipements de base pour les soins de meilleure qualité surtout pour les soins hautement spécialisés) dont certains actes sont parfois très sophistiqués, niveau faible également des compétences locales et d'autres aspects structurels, institutionnels et stratégiques au niveau des pays et régions sanitaires font aujourd'hui que les questions de santé globale déclinées au niveau communautaire, ont besoin d'être abordées à travers le choix d'une approche plus large prenant en compte toute la complexité de l'environnement dans lequel baignent les systèmes de santé. De ce fait, l'approche la plus plausible et tenant compte de la complexité des systèmes de santé est celle multisectorielle, se focalisant sur le renforcement de toutes les composantes des systèmes de santé, fonction de leur niveau de performance mais découlant d'un consensus ayant été convenu, adopté et signé par la quasi-totalité des Etats membres de l'Assemblée générale qui sera axée sur les objectifs de la couverture sanitaire universelle à fixer dans la période post-OMD ; l'application de cette approche globale sur le terrain se penchant donc à renforcer les lacunes existantes des différents systèmes de santé en vue de leur viabilité dans le temps au service des générations futures. L'adoption d'une telle approche se focalisant sur tous les blocs constructifs des systèmes de façon graduelle dans les pays en développement et à travers la pérennisation des acquis déjà obtenus dans les pays développés, le tout en cherchant à saisir les innovations coût-efficaces et efficientes et fonction du niveau de performance des systèmes de santé, paraît indispensable au regard des enjeux liés aux mutations profondes en cours dans le monde dans différents domaines.

Approche multisectorielle : une voie sûre pour l'atteinte des objectifs de la couverture sanitaire universelle

Les Objectifs du Millénaire pour le Développement adoptés en 2000 sous l'auspice du Système des Nations Unies avaient pris en compte les principales préoccupations d'alors dans le domaine de la santé internationale avec un accent sur trois des grandes priorités formulées en objectifs d'amélioration de la santé maternelle, de réduction de la mortalité infantile et de lutte contre certaines des principales maladies (VIH/Sida, Paludisme, Tuberculose et autres); les autres objectifs ayant également des rapports étroits avec l'amélioration de la santé.

Aujourd'hui, des progrès importants ont été obtenus par rapport à certains objectifs tandis que des défis énormes restent encore à relever dans certains domaines prioritaires en rapport avec ces objectifs et d'autres champs non pris en compte ou touchés lors de la formulation de ces grandes priorités de développement y compris le secteur de la santé.

Raison pour laquelle, "une considération fréquemment soulevée dans les résultats est que les OMD n'ont pas pu capturer la dynamique large du développement enraciné dans la Déclaration du Millénaire y compris les droits humains, l'équité, la démocratie et la gouvernance. Le manque d'attention à l'équité est largement vu comme un des plus importantes lacunes des OMD en rapport avec la santé[57]".

En plus de ces questions relatives aux droits des différents peuples dans différents horizons du monde face à l'accès aux soins de santé, des considérations importantes axées sur les effets que peuvent avoir d'autres domaines de la vie socio-économique et les interventions tendant à réduire leurs effets n'ont pas été clairement définies alors que les systèmes de santé, évoluent aujourd'hui dans un environnement tellement complexe et en pleine mutation que les réflexions doivent être portées sur le large spectre des déterminants qui entourent le cadre de vie des populations au lieu de se focaliser seulement sur l'environnement local.

C'est une réalité palpable concernant la façon dont ces objectifs ont été formulés dans les documents de politiques globales, mais la déclinaison de cette politique globale sur les OMD en stratégies globales dans le cadre de la couverture sanitaire universelle a cherché a rectifié le tir à ce niveau à travers la formulation et l'élaboration de certaines politiques sectorielles axées sur les aspects de l'équité malgré que des défis importants restent encore à relever en termes d'équité dans l'accès aux soins de santé, quel que soit le niveau souhaité et quant à leur application rigoureuse et stricte au sein des Etats pour plusieurs raisons affectant les systèmes de santé nationaux des pays membres de l'Organisation Mondiale de la Santé. Ces aspects sociaux (équité, égalité, justice sociale…) n'ont pas été les seuls à être occultés du fait que les grandes orientations fixées dans le cadre des OMD, n'ont pas réellement pris en compte l'idée de comment intégrer ces politiques axées sur la santé dans le cadre général des politiques macro-économiques et du développement des pays ; étant donné les rapports étroits qui existent entre la santé et le processus de développement. Pratiquement les grands moteurs de la croissance économique (l'ouverture au commerce international, recherche-développement, l'accumulation du capital physique et humain, les investissements directs étrangers, dividende démographique...) d'un pays sont supposés avoir des effets positifs ou négatifs sur l'état de santé des populations et toutes ces réflexions font aujourd'hui que les politiques de santé ne peuvent être adoptées et appliquées de façon efficace qu'en prenant en compte cette dimension multisectorielle de la santé. En outre, "la relation complexe entre globalisation et la santé appelle de la recherche de plusieurs disciplines et perspectives méthodologiques" dans la mesure où "les perspectives sociales ont commencé à être plus évidentes dans les années récentes[96]". Ce qui suppose que la gamme d'interventions spécifiques de prise en charge des maladies (prioritaires comme non) à travers le traitement des cas symptomatiques et des activités de prévention parfois parcellaire par le fait qu'elle ne couvre qu'une petite portion de la population (groupes cibles, catégories professionnelles exposées ou affectées...) dans certains pays, ne peut être prise comme suffisante pour asseoir un système de santé solide, viable tourné vers l'atteinte des objectifs de la couverture sanitaire universelle et cela dans la mesure où l'approche basée seulement sur l'observation des individus ne peut capturer les autres aspects d'importance capitale comme les questions d'équité, d'égalité, de justice sociale, d'accès à un droit fondamental de vie, d'accessibilité géographique et financière et autres. Il en est de même que pour certaines questions structurelles ou institutionnelles et rapports étroits entre le secteur de la santé et d'autres secteurs du développement des pays tels que l'agriculture, les infrastructures, l'urbanisation, les transports, les échanges transfrontaliers concernant différents types de ressources (humaines, matérielles...). A ce propos, les chercheurs reconnaissent que la globalisation économique et la libération économique sont des forces motrices pour une situation de crise globalisée avec des implications pour des questions comme les maladies non transmissibles et d'accès aux médicaments et services de santé ; cependant la globalisation et le commerce sont aussi liés à la croissance économique, laquelle est nécessaire pour le développement et la viabilité des systèmes de santé[59]".

Bref, l'approche globale à adopter parmi tant d'autres est celle prenant en compte, au-delà des facteurs génétiques, biologiques, physiques, chimiques, le large groupe des déterminants environnementaux, socio-économiques et culturels et puisque ces déterminants ne relèvent pas tous directement du seul domaine de la santé, il va falloir des actions coordonnées à l'échelle internationale dans différents domaines ayant trait avec la santé globale afin de juguler les principaux défis auxquels, la société se trouve confrontée ; un véritable enjeu pour tous les Etats membres et autres adhérents de l'Organisation Mondiale de la Santé (OMS) et ses principaux partenaires.

CONCLUSION

Face aux principaux défis auxquels, la communauté sanitaire internationale est confrontée dans le domaine de la santé globale, défis en rapport avec tous les blocs constructifs des systèmes de santé et s'inscrivant dans la vision d'une part de l'atteinte des OMD et d'autre part, de la continuité dans la poursuite du déploiement des efforts par les Etats membres de l'OMS et autres pays et entités non membres pour l'atteinte de ceux de la couverture sanitaire universelle prônée par l'Organisation, il est d'un impératif primordial pour les acteurs de la santé globale, en l'occurrence, l'OMS et ses principaux acteurs évoluant dans différents secteurs de la santé globale, d'aborder ces questions cruciales à l'aube de la date butoir de l'atteinte des OMD.

Les grands défis à aborder concernent les questions de gouvernance sanitaire mondiale à cause de la multiplicité des acteurs sur le terrain ayant entraîné des efforts disparates et des difficultés de coordination des actions sanitaires internationales, les motivations des différents acteurs étant différents sur le terrain.

Si d'importants progrès ont été réalisés dans l'exécution des programmes, projets découlant des mesures d'application effective des stratégies adoptées dans le cadre des OMD, des besoins encore insatisfaits sont notés en termes d'offre et demande de services dans d'autres secteurs prioritaires de la santé globale.

A ces questions de gouvernance et d'une meilleure prestation des services de santé (curatifs et préventifs) dans différentes parties du monde, il faudrait ajouter la problématique de financement des systèmes de santé au regard de la charge imputable aux différents groupes de maladies (maladies transmissibles et non transmissibles) et accidents de la circulation dans les pays en développement, confrontés à ce double fardeau et aux maladies transmissibles dans les nations développées (confrontées à la charge importante de ces maladies et aux coûts exorbitants de leur prise en charge).

En plus de ces défis, il faut mentionner que les grands manquements dans l'application des bonnes politiques de ressources humaines pour plusieurs raisons surtout dans les pays en développement où des besoins criants en ressources humaines qualifiées rapportés en différents ratios de professionnels par cible, restent toujours d'actualité à cause des niveaux faibles dans certaines régions du monde. Les phénomènes migratoires au sein des grandes économies du monde ont continué à l'élargissement de ces fossés malgré qu'il y a aussi un mouvement d'une importance graduelle dans le sens inverse à cause des effets de la globalisation.

Un autre aspect important de ces défis globaux concerne les différentes réformes à entreprendre quant au contenu ainsi qu'à l'application des accords commerciaux axés sur la santé en vue d'étendre la couverture en médicamenteux essentiels, vaccins et autres produits biologiques. Les efforts dans la résolution de ces questions techniques devant se tenir dans un cadre où doivent primer les décisions consensuelles, doivent également se focaliser sur les difficultés concernant les différentes phases du cycle de gestion des médicamenteux, vaccins et autres produits sanitaires et des questions relatives au développement des approches nouvelles en termes d'infrastructures, équipements adaptables et fonction de différents contextes connaissant les cas aigus de pénurie afin de répondre aux défis importants d'extension ou de mise à grande échelle la couverture dans ces zones.

Comment profiter des avancées énormes dans les sciences médicales annexées aux technologies de l'information et de la communication pour rendre les systèmes de santé plus efficaces et plus efficients à différents niveaux du système de santé global et au niveau des Etats en améliorant non seulement la qualité des services fournis aux patients en appuyant les personnels dans le processus de diagnostic et de prise en charge et pendant les différentes phases de collecte et de la transmission des statistiques sanitaires (données médicales, administratives, alerte et réponse rapide aux épidémies, aux catastrophes naturelles...), n'en constitue pas un défi de moindre taille dans le domaine de la santé globale.

Ensuite, l'adoption des options politiques majeures à différents niveaux (international, régional ou local), des mécanismes, des interventions et stratégies en saisissant les opportunités offertes par les avancées énormes dans le domaine des sciences techniques et technologiques annexées aux différentes disciplines médicales convient pour la plupart des experts accrédités et travaillant sur les questions de santé internationale ou globale comme l'option la plus solide de mettre en place des systèmes de santé viables, en d'autres termes des systèmes durables tournés vers la consolidation continue et graduelle des acquis déjà obtenus dans le cadre de l'atteinte des objectifs de la couverture sanitaire universelle dans la période post-OMD ; une condition sinon qua non au regard de la rareté des ressources au niveau international pour faire face à tous les défis fondamentaux.

Ces opportunités à focaliser sur les différents blocs des systèmes de santé, peuvent être élargies à travers le développement des modèles de partenariats à différents niveaux entre acteurs de la santé internationale mais adoptés sous la tutelle de l'Organisation en charge des questions internationales en concert avec les Etats membres et acteurs de la santé globale.

Pour permettre de mieux avancer sur le chemin de la couverture sanitaire universelle, l'approche multisectorielle, prenant en compte au delà des facteurs génétiques, biologiques, physico-chimiques, le large spectre des déterminants environnementaux, socio-économiques et culturels apparaît comme la meilleure approche parmi tant d'autres pour une meilleure coordination et intégration des politiques et stratégies sanitaires aux différentes politiques de développement macro-économique à long terme des Etats membres et autres Etats ou entités non adhérents à l'Organisation Mondiale de la Santé ; les principales décisions découlant de l'adoption de cette approche basée sur des consensus politiques pris autour de l'Organisation.

RÉFÉRENCES BIBLIOGRAPHIQUES

1. OMS. Constitution de l'Organisation Mondiale de la Santé. New York : Organisation Mondiale, 1945.
2. OMS. Soixante et unième assemblée mondiale de la santé wha61.21 : Stratégie et plan d'action mondiaux pour la santé publique, l'innovation et la propriété intellectuelle. Genève : Organisation Mondiale de la Santé, mai 2008.
3. OCDE. Panorama de la santé 2013 : Les indicateurs de l'OCDE, Éditions OCDE, 2013.
4. Don de Savigny et Taghreed Adam. Pour une approche systémique du renforcement des systèmes de santé. Alliance pour la recherche sur les politiques et les systèmes de santé, OMS, 2009.
5. Martiny P. Cours magistraux de Planification en Santé. Ecole de Santé Publique, Université Libre de Bruxelles, 2012.
6. http://www.who.int/healthsystems/universal_health_coverage/en/, visité en date du 31 Décembre 2013.
7. World Bank. World Development Indicators 2013. Washington, DC : World Bank. doi : 10.1596/978-0-8213-9824-1. License : Creative Commons Attribution CC BY 3.0, 2013.
8. http://www.who.int/mediacentre/factsheets/fs310/fr/index1.html
9. OMS. Statistiques sanitaires mondiales 2013. Genève : Organisation Mondiale de la Santé, 2013 (site : http://www.who.int/about/licensing/copyright_form/en/index.html)
10. Grand Challenges Canada. Grand Challenges approach. Ontario : McLaughlin-Rotman Centre for Global Health MaRS Centre, 2011.
11. http://www.bag.admin.ch/themen/medizin/00683/index.html?lang=fr, visité en date du 6 Janvier, 2014.
12. WHO. Global status report on noncommunicable diseases 2010. Genève : World Health Organization, 2010.
13. Institute for Health Metrics and Evaluation. The Global Burden of Disease : Generating Evidence, Guiding Policy. Seattle, WA : IHME, 2013.

14. Clark H. Pourquoi la santé joue-t-elle un rôle capital dans le développement humain. DiabetesVoice, Juin 2013 • Volume 58 • Numéro 2.
15. Institute of Medicine of National Academies. Promoting Cardiovascular Health in Developing World : A Critical Challenge to Achieve Global Health. Washington DC, 2010 (Website : www.iom.edu/globalcvd)
16. OMS. Plan d'action 2008-2013 pour la Stratégie mondiale de lutte contre les maladies non transmissibles. Genève : Organisation Mondiale de la Santé, 2008 (Site : http://whqlibdoc.who.int/publications/2010/9789242597417_fre.pdf)
17. http://www.who.int/hia/evidence/doh/en/index.html, visité en date du 6 janvier 2014
18. http://www.phac-aspc.gc.ca/ph-sp/determinants/index-fra.php, visité en date du 6 Janvier 2014.
19. Global Thematic Consultation Task Team. Health in the post-2015 agenda - report of the global thematic consultation on health, 2013.
20. OMS. Rapport sur la Santé dans le Monde 2013 : La Recherche pour la Couverture Sanitaire Universelle. Genève, 2013 (Site Web : http://www.who.int/about/licensing/copyright_form/en/index.html)
21. Institut Canadien d'Information sur la Santé (ICIS). Les Soins de Santé au Canada : Regard sur le temps d'attente, 2012. (Site Web : www.icis.ca).
22. OMS. Rapport sur la Santé dans le Monde 2006 : Travailler ensemble pour la Santé. Genève : Organisation Mondiale de la Santé, 2006.
23. Hillhouse E & Wartman S. Improving health care in the Middle East and North Africa. www.thelancet.com Vol 383 January 11, 2014.
24. Negin et al. Human Resources for Health 2013, 11:69 (Website: http://www.human-resources-health.com/content/11/1/69).
25. Action for Global Health. Addressing the global health force crisis: Challenges for France, Germany, Italy, Spain and the UK, published by Action for Global Health in January 2011.
26. Rechel B, Dubois C-A &McKee M. The Health Care Workforce in Europe: Learning from experience, European Observatory on Health Systems and Policies, 2006.
27. Nicolas Tanti-Hardouin, « Regards d'économiste sur les défis de la santé dans les pays en voie de développement », Bulletin

Amades [En ligne], 70 | 2007, mis en ligne le 04 février 2009, consulté le 31 mars 2014. URL : http://amades.revues.org/429

28. Jamison D-T et al. Global health 2035: a world converging within a generation. www.thelancet.com December 3, 2013 http://dx.doi.org/10.1016/S0140-6736(13)62105-4.
29. OMS. Rapport sur la Santé dans le monde 2010. Le financement des systèmes de santé : Le chemin vers la couverture universelle, Genève : Organisation Mondiale de la Santé, 2010.
30. Garrett L. Existential Challenges to Global Health: Center on International Cooperation, 2013.
31. http://www.who.int/health_financing/strategy/fr/, visité en date du 11 Janvier 2014
32. Nations Unies. Etude sur la situation économique et sociale 2012 : A la recherche de nouveaux modes de financement du Développement. New York, Nations Unies, 2012.
33. Atun R et al. Universal health coverage in Turkey: enhancement of equity, Health Policy, The Lancet June 27, 2013 http://dx.doi.org/10.1016/S0140-6736(13)61051-X.
34. http://www.recherche.uottawa.ca/nouvelles-details_2710.html, visité en date du 13 Janvier, 2014.
35. Ridde V et al. Les pressions exercées par l'abolition du paiement des soins sur les systèmes de santé, World Health Report (2010), Background Paper, 18.
36. http://www.who.int/health_financing/strategy/risk_protection/fr/, visité en date du 15 Janvier 2014
37. Cavagnero E et al. Health financing in Argentina: An Empirical Study of Health Care Utilization and Health Care Expenditure, Geneva: World Health Organization, discussion paper, number 5 – 2006.
38. WHO. Country cooperation strategy at glance. WHO/CCO/13.01/China, 2013 (http://www.who.int/countryfocus).
39. Planning Commission of India. High Level Expert Group Report on Universal Health Coverage for India. New Delhi, 2011.
40. http://www.ncbi.nlm.nih.gov/pmc/articles/PMC2907015/, visité en date du 15 Janvier 2014
41. Pascale Brudon, « Accès aux médicaments et accord TRIPS », Annuaire suisse de politique de développement [En ligne], N°17 | 1998, mis en ligne le 31 juillet 2012, Consulté le 25 octobre 2012. URL : http://aspd.revues.org/762.

42. Oxfam international. Le mépris des enjeux de l'accès aux médicaments : Les priorités commerciales de l'Union européenne sur la mauvaise pente. Oxfam international, 2009.
43. http://www.research-europe.com/index.php/2012/09/dr-clive-ondari-coordinator-of-access-to-medicines-department-of-essential-medicines-and-health-products-world-health-organization-2/; visité en date du 15 janvier 2014.
44. http://www.research-europe.com/index.php/2012/09/dr-clive-ondari-coordinator-of-access-to-medicines-department-of-essential-medicines-and-health-products-world-health-organization-2/; visité en date du 15 janvier 2014
45. http://www.aho.afro.who.int/en/ahm/issue/14/reports/renforcement-des-syst%C3%A8mes-de-sant%C3%A9-dans-les-pays-de-la-r%C3%A9gion-africaine-de-l
46. Ammenwerth E et al. Evaluation of health information systems—problems and challenges. International Journal of Medical Informatics (2003) 71, 125—135.
47. Vital Wave Consulting. Health Information systems in developing countries: A Landscape Analysis. Research paper and strategic briefing, 2009.
48. IPEMED. Les systèmes de santé en Algérie, Maroc et Tunisie : Défis nationaux et enjeux partagés, les notes IPEMED, N ° 1 3 Avril 2 0 1 2.
49. OMS. Dixième réunion des ministres de la santé des pays océaniens : Améliorer les données pour la politique : renforcer les systèmes d'informations sanitaires et d'enregistrement de l'état civil. Apia (Samoa) : Organisation Mondiale de la Santé, 2013.
50. Swedish scholars. Health in transition – a research area bridging South African.
51. http://www.cfr.org/global-governance/challenges-global-health-governance/p22202, visité en date du 28 Janvier 2014
52. http://globalhealth.harvard.edu/global-governance, visité en date du 28 Janvier 2014.
53. http://www.globalhealtheurope.org/index.php/publications/opinion-pieces/306-the-10-challenges-of-global-health-governance12, visité en date du 28 Janvier 2014.
54. Frenk J et al. Review article: Governance Challenges in Global Health. n engl j med 368 ;10
55. Kickbusch I. Addressing Global Health Governance Challenges through a New Mechanism: The Proposal for a Committee C of

the World Health Assembly. Journal of law, medicine & ethics, 2010.
56. WHO. Interim report Supporting Health 2020: governance for health in the 21st century. Genève: World Health Organization, 2012.
57. The World We Want 2015. Report of the Global Thematic Consultation on Health: Health in the Post-2015 Development Agenda. Draft 2013.
58. Fidler D. P. The Challenges of Global Health Governance. International Institutions and Global Governance program, working paper 2010.
59. Nora Y. Ng et al. Global Health Governance at a Crossroads. Global Health Governance, volume iii,no. 2 (spring 2011) http://www.ghgj.org
60. http://www.gatesfoundation.org/fr/What-We-Do/Global-Health/Discovery-and-Translational-Sciences#Ledéfi, visité e date du 31 Janvier 2014
61. http://www.newswire.ca/fr/story/1285833/grand-challenges-canada-and-concytec-collaborate-to-support-global-health-innovation-in-peru, visité en date du 31 Janvier 2014
62. Chin W. W et al. Addressing Healthcare's innovation challenge, Forum of Healthcare innovation. Harvard Business and Medical Schools (http://projects.iq.harvard.edu/forum-on-healthcare-innovation/).
63. www.thelancet.com Vol 383 February 1, 2014.
64. Département fédéral des affaires étrangères DFAE. Politique de Santé de la DDC, 3003 Berne : Direction du développement et de la coopération DDC (www.ddc.admin.ch).
65. Grands Défis Canada. Imaginative : 83 innovations audacieuses pour améliorer la santé mondiale reçoivent du financement de Grands Défis Canada. Sandra Rotman Centre, 2013.
66. Lewis T et al. E-health in low- and middle-income countries: findings from the Center for Health Market Innovations. Bull World Health Organ 2012 ; 90: 332–340 | doi:10.2471/BLT.11.099820.
67. http://ispub.com/IJH/8/1/6444, visité en date du 1er Février 2014
68. Haberer E. J et al. Challenges in using mobile phones for collection of antiretroviral therapy adherence data in a resource-limited setting. AIDS Behav. 2010 December ; 14(6): 1294–1301. doi:10.1007/s10461-010-9720-1.

69. http://www.nextbillion.net/blogpost.aspx?blogid=3259, visité en date du 3 Février 2014.
70. Lewis T et al. E-health in low- and middle-income countries: findings from the Center for Health Market Innovations, Bulletin of the World Health Organization 2012 ; 90:332-340. doi: 10.2471/BLT.11.099820 (http://www.who.int/bulletin/volumes/90/5/11-099820/en/)
71. http://www.who.int/bulletin/volumes/85/3/06-039222/en/, visité en date du 6 Février 2014
72. http://www.nap.edu/catalog.php?record_id=5513, visité en date du 6 Février 2014.
73. Daulaire N. Perspective: The Importance of the Global Health Strategy from the U.S. Department of Health and Human Services, Am. J. Trop. Med. Hyg., 87(3), 2012, pp. 382–384.
74. http://www.plosmedicine.org/article/info%3Adoi%2F10.1371%2Fjournal.pmed.1000276., visité en date du 6 Février 2014.
75. OMS. Renforcement des systèmes de santé : Quelles perspectives pour les initiatives mondiales pour la santé ? WHO/EIP/HealthSystems/2006.1, document de travail no. 4.
76. G8 Hokkaido Toyako Summit Follow-Up—Global Action for Health System Strengthening: Policy Recommendations to the G8.
77. Witty A. New Strategies for Innovation In Global Health: A Pharmaceutical Industry Perspective. Health Affairs, 30, no.1 (2011):118-126.
78. Bliss E. K. New approaches to Global Health Cooperation. Perspectives from Brazil. A report of the Center for Strategic &International Studies, Washington DC, 2012.
79. OMC/OMS. Les accords de l'OMC et de la Santé Publique : Etude conjointe de l'OMS et du Secrétariat de l'OMC. Genève : Organisation mondiale du commerce / Organisation mondiale de la Santé, 2002.
80. Chatham House. Meeting Summary: Global Health Diplomacy: A Way Forward in International Affairs. Inaugural conference of the Global Health Diplomacy Network, 2011.
81. http://poldev.revues.org/953.
82. Samb B. An assessment of interactions between global health initiatives and country health systems. Lancet 2009 ; 373: 2137–69.
83. Kar S. S . Concepts of Essential Medicines and rationale usein Public Health, . Indian J Community Med. Jan 2010 ; 35(1): 10–13.

84. http://www.efpia.eu/topics/people-health/global-health-initiative
85. Warren K et al. Priority Medicines for Europe and the World Update2013. World Health Organization, 2013.
86. Kanavos P et al. The World medicines Situation 2011: Options for financing and optimizing medicines in resource-poor countrics. Geneva: World Health Organization, 2011.
87. Basaran N. F et al. Patients' experience and perspectives on the rational use of drugs in Turkey: a survey study, Dovepress, 2012.
88. Potvin L et al. Réduire les inégalités sociales en santé. Saint-Denis : INPES, coll. Santé en action, 2010 : 380 p.
89. Contribution française sur les priorités scientifiques et technologiques : Cadre stratégique commun de recherche et d'innovation « Horizon 2020 », 2011.
90. (http://www.brookings.edu/research/opinions/2007/10/22-global-health-glassman)
91. Binagwaho et al. Globalization and Health 2013, 9:37(http://www.globalizationandhealth.com/content/9/1/37).
92. Green c et al. Geographic Information Systems andPublic Health: Benefits and Challenges. Purple Paper • Issue No. 37 • March 2012.
93. Esri. Geographic Information Systems and Environmental Health: Incorporating Esri Technology and Services. An Esri White Paper April 2011.
94. http://www.newswire.ca/fr/story/1285833/grand-challenges-canada-and-concytec-collaborate-to-support-global-health-innovation-in-peru
95. (http://globalhealth.thelancet.com/2013/06/25/changing-perspective-disease-control-healthy-people
96. Murray et al. Globalization and Health 2012, 8:30 (http://www.globalizationandhealth.com/content/8/1/30).

BIOGRAPHIE DE L'AUTEUR

Né en 1981 à BEYLA (République de GUINEE) et titulaire d'un Doctorat d'Etat en Médecine, obtenu en 2007 à la Faculté de Médecine-Pharmacie-Odonto-Stomatologie de l'Université Gamal Abdel Nasser de Conakry, Monsieur Foungbè BERETE, est Analyste des questions Sanitaires et du Développement International.

Au cours des 12 derniers mois, il a été Interne au Quartier Général (QG) de l'Organisation Mondiale de la Santé (OMS) au sein du Département de la Vaccination, Vaccins et Produits Biologiques à travers son Unité Programme Elargi de Vaccination Plus avec pour principale mission d'analyser les principaux indicateurs financiers de la Vaccination pour une meilleure implication politique dans un objectif d'établir des Programmes Elargis de Vaccination Durables au sein de tous les pays membres de l'OMS.

M. BERETE a près de dix (10) ans en termes d'expérience professionnelle et de formation post universitaire combinées dans les domaines de la planification, d'élaboration et de participation dans la coordination des programmes en Santé Publique avec un accent sur l'élaboration des protocoles de recherche, des enquêtes épidémiologiques et nutritionnelles ainsi que leur mise en œuvre et les procédures de monitoring et d'évaluation.

Comme Assistant de Recherche au Département Santé Communautaire à l'Institut National de Santé Publique de Guinée durant 3 ans, il a participé à la conception, la mise en œuvre de plusieurs programmes de Santé Publique en Guinée axés sur les maladies transmissibles et la conduite d'investigations épidémiologiques. Il a été également entre 2008 et 2011, enseignant chercheur à la Faculté de Médecine en charge des cours d'Histologie-Embryologie avant de rejoindre successivement la Belgique, la France et la Suisse pour ses Etudes Post-Universitaires en Santé Publique et Economie de la Santé et Développement International. Il compte finalement rejoindre la Chaire de Santé Publique de l'Université de Conakry en vue de continuer à s'impliquer dans la formation des futurs professionnels de la santé de son pays.

Avant ces postes antérieurs, il a travaillé comme Médecin Investigateur dans un projet de Santé-Nutrition (Projet de Coopération) aux côtés de la Direction Nationale de la Statistique du Ministère de Plan de la Guinée & le Fonds des Nations Unies pour l'Enfance (UNICEF) pour évaluer l'Etat Nutritionnel et les Principaux Indicateurs de Survie de l'Enfant dans quatre des districts sanitaires de la Guinée.

TABLE DES MATIÈRES

Santé et Médecine
aux éditions L'Harmattan

Dernières parutions

LES CRISES DE SANTÉ PUBLIQUE
Entre incompétence et compromissions
Furone Antonio
On regroupe, sous le même vocable de crise sanitaire, aussi bien de minables arrangements que d'affreuses tragédies avec deux constantes : incompétence et compromissions. Experts et médias agitent le spectre d'un désastre : la crise survient, avec ou sans malades. Les responsables politiques homologuent cette fable et achètent avec largesse le médicament miraculeux. Gouvernement et industriels nous présentent la note...
(Coll. Questions contemporaines, 16.00 euros, 162 p.)
ISBN : 978-2-343-05018-8, ISBN EBOOK : 978-2-336-36753-8

L'EUTHANASIE ADMISE EN SOINS PALLIATIFS
Défis humains pour les médecins
Nkulu Kabamba Olivier
Face aux euthanasies admises en Soins palliatifs, quels sont les défis humains auxquels est confronté le médecin qui accepte de les pratiquer ? L'auteur, spécialiste en éthique clinique, dévoile ces défis par l'intermédiaire de nombreux échanges épistolaires et verbaux qu'il a entretenus avec le docteur Karl, médecin belge qui accepte de pratiquer ces euthanasies dans le service des Soins palliatifs de l'hôpital où il travaille.
(13.00 euros, 124 p.)
ISBN : 978-2-343-04798-0, ISBN EBOOK : 978-2-336-36512-1

LA LOUCHE, LA BALANCE ET LA PIPE (CANCER : L'ABÉCÉDAIRE)
Vennin Philippe
Médecin, oncologue réputé, chercheur, généticien, philosophe, Philippe Vennin a déjà un cancer lorsqu'il se met à écrire cet Abécédaire. Cet ouvrage, facile de lecture, où le vocabulaire que nous utilisons au quotidien est le fil conducteur, reflète parfaitement les questionnements de l'auteur et sa réflexion basée sur la science et la philosophie.
(20.00 euros, 220 p.)
ISBN : 978-2-343-04617-4, ISBN EBOOK : 978-2-336-36573-2

LA FORCE VITALE AU CŒUR DES PRINCIPES DE LA CHIROPRAXIE
Une méthode dans l'histoire des idées et des sociétés
Jolliot Chantal - Préface de Pierre Erny
Les principes fondamentaux de la chiropraxie, méthode surtout connue pour le traitement du «mal de dos» grâce à des interventions manuelles, font référence aux fonctions articulaires, neurologiques et à la notion de force vitale. Cette notion ancienne, aujourd'hui fréquemment dénommées «énergie», est en vogue. Elle participe aux manières de penser des sociétés contemporaines où elle contribue à une compréhension symbolique de la personne dans son environnement.
(10.50 euros, 74 p.)
ISBN : 978-2-343-04939-7, ISBN EBOOK : 978-2-336-36703-3

ANTHROPOLOGIE DU MÉDICAMENT AU SUD
La pharmaceuticalisation à ses marges
Sous la direction d'Alice Desclaux et Marc Ergot
Cet ouvrage examine de multiples situations de déploiement de la pharmaceuticalisation, dans plusieurs domaines : la valeur et le paiement, l'approvisionnement, l'usage thérapeutique et l'intervention médicale. Les analyses du recours à une diversité de médicaments en Afrique et en Asie du Sud-Est montrent les effets sociaux et les effets de sens de ces extensions à la marge et permettent de mieux comprendre les rapports entre médicalisation et pharmaceuticalisation.
(Coll. Anthropologies et Médecines, 29.00 euros, 282 p.)
ISBN : 978-2-343-05253-3, ISBN EBOOK : 978-2-336-36776-7

OCULARISTES ET YEUX ARTIFICIELS
De l'Antiquité au XXe siècle
Martin Jean-Pierre - Préface du Docteur Xavier Riaud
Depuis l'Antiquité, les hommes ont cherché à compenser le handicap esthétique qu'est la perte d'un œil, à l'aide de prothèses en matériaux divers. À la Renaissance la maîtrise du travail du verre, puis de l'émail a permis de fabriquer des yeux dont le réalisme était trompeur. Ainsi cet ouvrage retrace l'évolution des yeux artificiels, et celle des ocularistes, artisans spécialisés dans leur fabrication. Une liste présentant les principaux artisans français avant 1900 complète cette monographie.
(Coll. Médecine à travers les siècles, 12.50 euros, 112 p.)
ISBN : 978-2-343-05112-3, ISBN EBOOK : 978-2-336-36787-3

ACCOMPAGNEMENT (L') DU PATIENT HOSPITALISÉ DANS L'EXERCICE DE SA SEXUALITÉ
Pour que le patient «sexe prime»
Aurrens Arnaud
Cet ouvrage interroge le rôle de l'infirmier et son évolution face à un besoin fondamental des patients, qu'est la sexualité et dont l'intimité est fragilisée par une hospitalisation longue ou régulière. Au travers d'une enquête auprès de l'ensemble de la profession soigante et d'entretiens recueillis auprès de professionnels, il tente d'éclaircir le malaise de la profession infirmière sur la thématique sexuelle.
(14.00 euros, 136 p.)
ISBN : 978-2-343-04884-0, ISBN EBOOK : 978-2-336-36463-6

NOUVELLES (LES) FIGURES DU PATIENT
Pour une autre philosophie
Tanti-Hardouin Nicolas - Préface de Jean-Robert Harlé
De la figure emblématique de l'*homo medicus* chère aux économistes de la santé, aux malades en fin de vie en soins palliatifs, en passant par les malades mentaux, la figure du patient s'est nettement transformée sous les aspirations de multiples secteurs du monde biomédical, de la santé publique et de la société elle-même. Les mutations sociales impactent fortement les mondes du soin, le regard et les représentations qu'on a du patient et la pratique clinique elle-même.
(Coll. Éthique et pratique médicales, 18.00 euros, 184 p.)
ISBN : 978-2-343-04760-7, ISBN EBOOK : 978-2-336-36427-8

STATIQUE (LA) ET SES SECRETS À L'USAGE DES OSTÉOPATHES
Bertora René
Cet ouvrage offre un regard unique et original sur la statique vertébrale et permet d'effectuer un diagnostic vrai sur tous ses déséquilibres (hernies discales, gonalgies chroniques, lumbagos, ...) Il s'agit d'une méthode exclusive qui parle de points fixes, de points mobiles, de bras de leviers; d'autant de principes mécaniques qui existent sur terre dont le corps humain est le représentant. La compréhension des principes énoncés peut servir de référence à toute thérapeutique axée sur l'harmonie et l'équilibre du corps. (Nombreux schémas et illustrations en couleur.)
(20.00 euros, 168 p., Quadrichromie)
ISBN : 978-2-343-04735-5, ISBN EBOOK : 978-2-336-36300-4

« AGATHE EST DANS LES FLEURS »
Accompagner et soutenir les parents et leurs familles dans le deuil périnatal
Lavroff-Teissiere Erika
À travers une perspective d'espoir et de réelle solidarité, ce livre nous convie à partager avec respect et dignité l'intimité du deuil de parents, ainsi que l'accompagnement humain de professionnels de santé, autour de la mort d'un enfant. Plus qu'un manuel de psychologie, cet ouvrage cherche à rendre hommage à ces enfants décédés et à leurs parents, ainsi qu'à faire reconnaître aux familles et à la société la réalité de cette douleur si profonde de la perte d'un enfant.
(19.00 euros, 196 p.)
ISBN : 978-2-343-04253-4, ISBN EBOOK : 978-2-336-36355-4

TÊTE (LA) EN DÉSORDRE
L'exposition prénatale à l'alcool
Dartiguenave Catherine, Toutain Stéphanie
Comment accueillir un enfant porteur de troubles liés à une alcoolisation pendant la grossesse ? Quatre familles racontent leur histoire : elles ont dû faire preuve de trésors d'inventivité et ont dû puiser dans leurs ressources intérieures tout en recherchant de l'aide, pour relever ce défi. Un dernier chapitre, davantage théorique, s'adresse plus particulièrement aux professionnels de l'enfance qui souhaitent approfondir leurs connaissances sur le sujet.
(25.00 euros, 240 p.)
ISBN : 978-2-343-04792-8, ISBN EBOOK : 978-2-336-36409-4

QUESTIONS DE MIGRATIONS ET DE SANTÉ EN AFRIQUE SUBSAHARIENNE
Sous la direction d'Yves Charbit et Teiko Mishima
Des experts français et japonais, spécialistes des migrations internationales ou de la santé en Afrique subsaharienne, se sont réunis en 2014 à Osaka pour faire le bilan de leurs recherches. Ils y associent en particulier démographie, épidémiologie, anthropologie, géographie, droit et science politique. Si leurs recherches convergent, les spécificités des contextes mettent en évidence la nécessité de contextualiser les analyses des comportements des individus migrants.
(Coll. Populations, 25.00 euros, 242 p.)
ISBN : 978-2-343-04674-7, ISBN EBOOK : 978-2-336-36344-8

ÉCRITS ÉPISTÉMOLOGIQUES SUR L'ANATOMIE DU XVIe AU XIXe SIÈCLE
Gros Gilles
Partant de l'héritage anatomique de l'Antiquité et du Moyen Âge, l'auteur nous invite à découvrir l'effervescence épistémologique dont l'anatomie fut l'objet du XVIe au XIXe siècle, accédant ainsi à un statut de science souveraine. Il nous révèle combien l'anatomie a marqué de son influence toutes les sphères de la connaissance et des arts, marquant de son sceau la civilisation occidentale.
(Coll. Acteurs de la Science, 35.00 euros, 344 p.)
ISBN : 978-2-343-05094-2, ISBN EBOOK : 978-2-336-36435-3

MONDE (LE) DES MICROBES
Fascinant, redoutable, rebelle
Eben-Moussi Emmanuel
Cet ouvrage retrace l'histoire de la découverte des microbes et de certaines maladies infectieuses. Puis, l'auteur questionne les Sociétés du Vivant et en particulier l'Homme dans la cogestion de son environnement et donc ses comportements à cet égard. Il analyse les difficultés de la lutte contre les différents visages du péril infectieux. Voici l'étude d'un monde fascinant, redoutable et rebelle, trop souvent réduit à une des plus grandes peurs de l'Humanité.
(24.50 euros, 248 p.)
ISBN : 978-2-343-04560-3, ISBN EBOOK : 978-2-336-36223-6

CARACTÉRISTIQUES DENTO-CRÂNIO-FACIALES DES HOMININÉS
Combes Fruitet Elsa
Ce livre décrit les caractéristiques crâniennes, faciales et dentaires des Homininés jusqu'à Homo Sapiens, en soumettant des hypothèses d'évolution en fonction du climat, de l'alimentation

ou encore de l'apparition de la culture et établit des comparaisons entre différents Homininés. L'auteur, chirurgien-dentiste, crée une corrélation entre l'héritage de certains caractères ancestraux et la pratique clinique de l'odontologie.
(Coll. Médecine à travers les siècles, 11.50 euros, 94 p., Illustré en noir et blanc)
ISBN : 978-2-343-04532-0, ISBN EBOOK : 978-2-336-36056-0

À L'ÉPREUVE DU HANDICAP, NOUVEAU REGARD SUR LA VIE
Témoignage
Rebillard Cécile
« J'ai beaucoup mûri en plus de devenir plus responsable. Je vois les choses autrement. » (...) « Accepter la maladie et le handicap a reprogrammé mon cerveau à voir la réalité en face. » Ces réflexions de l'auteur, au fil du récit, sont troublantes tant elles mêlent le sentiment intime au collectif. Comme dans *Numéro 9* (L'Harmattan, 2013) et par-delà le quotidien peu ordinaire de son enfant, Cécile Rebillard lève le voile sur le tabou qui existe encore de nos jours à propos du handicap.
(Coll. Récits de vie, série Santé et Maladie, 14.50 euros, 138 p.)
ISBN : 978-2-343-04455-2, ISBN EBOOK : 978-2-336-36074-4

MORT (LA) DANS L'ÂME
Le travail du Tré-Pas en Soins Palliatifs
Quitaud Gérald - Préface Roland Gori
Accompagner la fin de vie ne se résume pas à proposer aux sujets une escorte médicale exemplaire et compétente. Dans la promiscuité de la mort et la vieillesse rien ne peut se substituer à une certaine éthique de la rencontre pour tenter de résorber l'écart existant entre la conscience des mourants et celle des survivants. Ainsi, cette nouvelle approche de relation d'aide se propose de recourir au processus du « Très-pas ». Le but est de repérer dans l'expérience trois pas distincts et associés, permettant à certains d'accomplir leurs vies et à d'autres de se rassembler autour de ce rite initiatique.
(Coll. La gérontologie en actes, 23.00 euros, 228 p.)
ISBN : 978-2-343-03245-0, ISBN EBOOK : 978-2-336-36012-6

GUIDE DES SIGLES ET AUTRES ACRONYMES
Giroux Laurent
Les sigles, notamment dans le secteur social et médico-social, initialement fait pour faciliter la compréhension, la compliquent aujourd'hui, de par leur très grand nombre. Afin de faciliter la tâche des étudiants, des salariés des établissements et services sociaux, des bénévoles des associations, des élus, du personnel des administrations du service public et du public en général, ce guide rassemble plus de 6100 sigles.
(Coll. Défis, 20.00 euros, 278 p.)
ISBN : 978-2-343-04682-2, ISBN EBOOK : 978-2-336-36158-1

MAL DE MÈRE ET MAUX D'ENFANTS
Robert Jacques - Préface d'Olivier Revol
S'appuyant sur quarante ans d'expériences cliniques, Jacques Robert, pédiatre, décortique ici les maladies les plus fréquentes du petit enfant. Son but est d'accompagner les mères pour une prise en charge de l'enfant, quand celui-ci n'est pas comme d'habitude : - Pourquoi mon bébé pleure-t-il ? - L'éruption dentaire est-elle responsable de pathologie ? Faut-il diversifier précocement l'alimentation ? Que faire avant de consulter le médecin si mon enfant tousse, a de la fièvre, mal au ventre... ?
(Coll. Éthique et pratique médicales, 17.00 euros, 172 p.)
ISBN : 978-2-343-04066-0, ISBN EBOOK : 978-2-336-35927-4

L'HARMATTAN ITALIA
Via Degli Artisti 15; 10124 Torino

L'HARMATTAN HONGRIE
Könyvesbolt ; Kossuth L. u. 14-16
1053 Budapest

L'HARMATTAN KINSHASA
185, avenue Nyangwe
Commune de Lingwala
Kinshasa, R.D. Congo
(00243) 998697603 ou (00243) 999229662

L'HARMATTAN CONGO
67, av. E. P. Lumumba
Bât. – Congo Pharmacie (Bib. Nat.)
BP2874 Brazzaville
harmattan.congo@yahoo.fr

L'HARMATTAN GUINÉE
Almamya Rue KA 028, en face
du restaurant Le Cèdre
OKB agency BP 3470 Conakry
(00224) 657 20 85 08 / 664 28 91 96
harmattanguinee@yahoo.fr

L'HARMATTAN MALI
Rue 73, Porte 536, Niamakoro,
Cité Unicef, Bamako
Tél. 00 (223) 20205724 / +(223) 76378082
poudiougopaul@yahoo.fr
pp.harmattan@gmail.com

L'HARMATTAN CAMEROUN
BP 11486
Face à la SNI, immeuble Don Bosco
Yaoundé
(00237) 99 76 61 66
harmattancam@yahoo.fr

L'HARMATTAN CÔTE D'IVOIRE
Résidence Karl / cité des arts
Abidjan-Cocody 03 BP 1588 Abidjan 03
(00225) 05 77 87 31
etien_nda@yahoo.fr

L'HARMATTAN BURKINA
Penou Achille Some
Ouagadougou
(+226) 70 26 88 27

L'HARMATTAN SÉNÉGAL
10 VDN en face Mermoz, après le pont de Fann
BP 45034 Dakar Fann
33 825 98 58 / 33 860 9858
senharmattan@gmail.com / senlibraire@gmail.com
www.harmattansenegal.com

L'HARMATTAN BÉNIN
ISOR-BENIN
01 BP 359 COTONOU-RP
Quartier Gbèdjromèdé,
Rue Agbélenco, Lot 1247 I
Tél : 00 229 21 32 53 79
christian_dablaka123@yahoo.fr

Achevé d'imprimer par Corlet Numérique - 14110 Condé-sur-Noireau
N° d'Imprimeur : 117448 - Dépôt légal : avril 2015 - *Imprimé en France*